0 déchet

Raccourcis clavier

AZERTY

Windows 10

macOS

2021

Imprimé à la demande par Amazon avec du papier recyclé

Par Lucas Bozon | 0 déchet

Pour ce premier livre, je voulais recenser **les meilleurs raccourcis clavier** avec **quelques astuces** suivant leurs utilisations sur les logiciels les plus répandus et les plus accessibles.

Certains raccourcis et certaines astuces se trouvent sur les systèmes d'exploitation (Windows 10 (et compatibles avec les versions antérieures : Windows 7 et 8.1 notamment) et macOS (pour les versions les plus récentes)), sur les logiciels qui sont payants (**Microsoft Office : Word, Excel et Power Point**) ou gratuits (**Les navigateurs web, Adobe Acrobat Reader DC, YouTube, Google Drive, Docs, Sheets, Slide et Gmail**). Ces logiciels ou ces applications vous permettent de faire du traitement de texte, des calculs, des présentations soignés digne d'un professionnel et des recherches pertinentes.

Pour chaque logiciel ou chaque application je vous donne le raccourci clavier pour Windows 10 sur la **1ère ligne** et pour macOS sur la **2ème ligne**. Pour effectuer un raccourci clavier il suffit de cliquer sur les touches dans **l'ordre donné** avec un temps assez court, certains raccourcis clavier exigent de lever le doigt à chaque touche (selon les versions, c'est rare, je vous informe sur cette option si l'un d'entre eux dans ce livre ne fonctionne pas).

Ils sont **incontournables** pour les **particuliers** (les adolescent(e)s, les élèves, les étudiant(e)s et les adultes) et pour les **professionnels** (les auto-entrepreneurs, les professeur(e)s, les comptables, les informaticien(ne)s, les développeur(se)s , les policier(ère)s, les gendarmes, les technicien(ne)s, les ingénieur(e)s, les médecins, les infirmier(ère)s, les psychologues, les serveur(se)s, les secrétaires, les avocat(e)s...)

Je vais vous faire **aimer** les touches qui sont méconnues, pour la plupart, et qui cachent en elles des pouvoirs intéressants associées à d'autres touches.

Depuis plusieurs années je me demandais l'utilité de certains boutons sur les claviers, j'en apprenais de temps à autre qui me changeaient la vie, c'est la raison pour laquelle je vous ai compilé tous les raccourcis que j'ai assimilé au fur et à mesure du temps et que j'applique au quotidien. Je vous propose mon retour d'expérience sur les raccourcis clavier des logiciels et applications **de base**. La majorité des personnes utilisant un ordinateur à un usage basé sur le traitement de texte. Ces raccourcis clavier vous permettront d'optimiser vos mouvements les plus **récurrents** (rédiger, recopier des données/du texte, les supprimer, les modifier, les déplacer, naviguer ...), soit **≈80%** des mouvements de base !

Devenez un expert du clavier AZERTY. Gagnez du temps dans la rédaction des e-mails, des documents, des rapports... Il est toujours important d'avoir la bonne orthographe, des majuscules avec accents et une belle présentation. Être plus efficient dans la gestion des traitements informatiques.

Faites de belles mises en page, de beaux rapports, de beaux contrats, de belles lignes de codes, de beaux CV, de belles lettres de motivation, de beaux tableaux, de belles présentations...

Ce livre vous permettra de **moins utiliser la souris** tout en étant plus rapide et en protégeant son poignet. Il vous évite de toucher tout le temps la souris. Certaines souris ont des boutons en plus qui leur permettent d'avoir des fonctionnalités directement en plus et peuvent être paramétrer pour avoir les mêmes fonctions qu'un raccourci clavier.

Les raccourcis claviers présents dans ce livre sont pour **tous les niveaux :** notamment les débutants et les intermédiaires. La liste est loin d'être exhaustive.

Comme bonus, je vous donne des astuces qui peuvent être utilisées sur un ordinateur portable sur le **Pavé tactile** ou le

Touchpad/Pad/Track Pad et les différences entre les **formats d'image** que l'on rencontre quotidiennement.

Je vous laisse des pages de notes pour éventuellement marquer d'autres raccourcis clavier que vous découvrez ultérieurement et qui ne figurent pas dans ce livre.

J'ai essayé de rendre le livre **épuré et clair** pour retenir le plus facilement possible. Le livre est noir et blanc à l'intérieur avec du papier spécial pour des raisons écologiques.

Je tiens à souligner que les raccourcis clavier dans ce livre sont normalement **compatibles** avec une bonne partie des ordinateurs de nos jours, avec des **paramètres de base**. Malheureusement, ils peuvent varier selon les versions et les paramétrages spécifiques. Je m'excuse par avance si j'ai omis de rectifier des erreurs dans les astuces que je vous ai fourni dans ce livre. Pour m'aider, mais surtout aider les autres lecteurs, envoyez-moi avec plaisir un mail sur mon **adresse mail** donnée ci-après.

Si vous avez des **suggestions** ou des **recommandations** à me faire parvenir pour m'améliorer, des modifications concernant le livre et des astuces supplémentaires pour que je puisse partager aux autres lecteurs, faites le moi savoir :

les.raccourcis.clavier@gmail.com

Merci de votre **soutien** et de votre **compréhension** !

Ce livre se base principalement sur mon **expérience personnelle**. J'ai vérifié et complété avec des sources plus « sûres » (sites officiels) car elles ont été maintes fois contrôlées et testées.

Mais peut-être que certains raccourcis clavier peuvent venir de sources non-officielles mais que je vous partage tout de même ici (sur macOS, la source officielle reste moins précise sur certains raccourcis clavier et varient énormément selon les versions de macOS. Pour Windows 10, les raccourcis clavier varient rarement et je suis donc plus serein sur l'exactitude de ces derniers)

Ce livre a pour vocation de vous aider sur les raccourcis clavier afin notamment d'utiliser moins la souris. Vous deviendrez tellement rapide que la carte graphique aura du mal à suivre ! J'ai essayé de recenser au maximum les astuces que j'ai pu trouver et expérimenter durant ces dernières années, dans le milieu scolaire et professionnel. J'ai vu, entre autres, la méconnaissance de certains de mes amis, de mes proches, des professionnels avec lesquels j'ai eu la chance de collaborer. Ils passaient à côté d'outils accessibles à tous pour être plus efficace et précis dans leurs travaux.

Je vous remercie pour l'achat de ce livre, qui je l'espère va vous aider et vous faciliter la vie, et il me reste plus qu'à vous souhaiter une **bonne lecture** !

Et bon test !

Sommaire

Raccourcis classiques & généraux

Ils s'appliquent à tous les logiciels suivants (dans l'ensemble)
Pour commencer par la base | Windows puis macOS | :

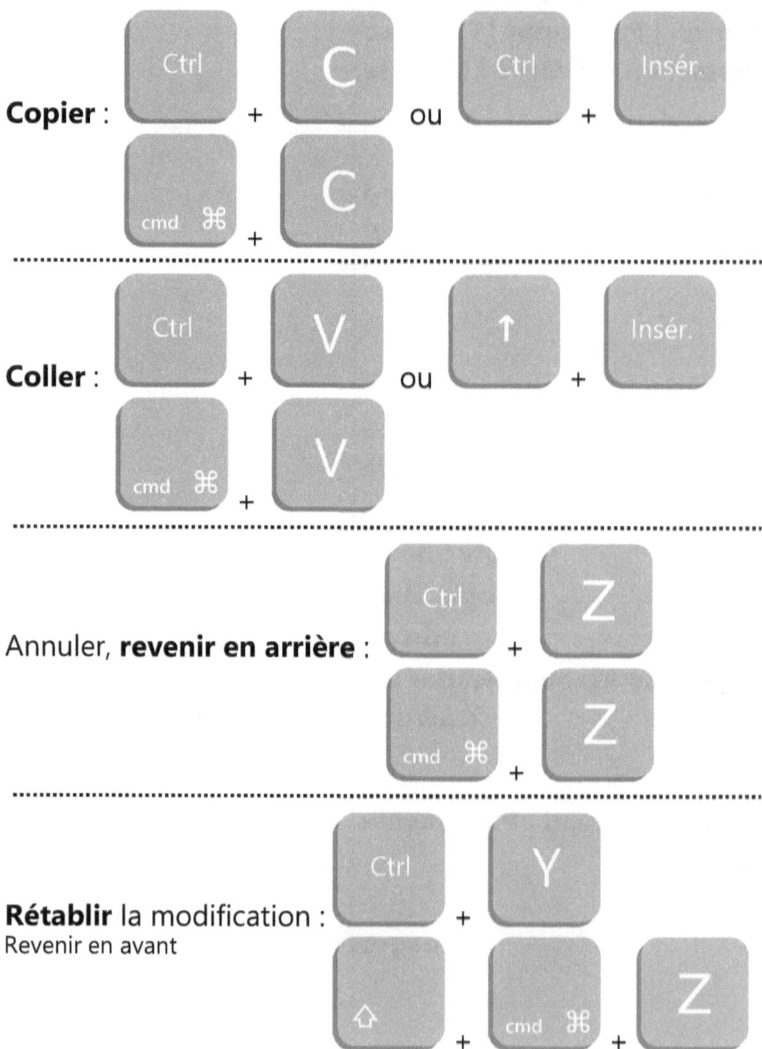

Copier :

Coller :

Annuler, **revenir en arrière** :

Rétablir la modification :
Revenir en avant

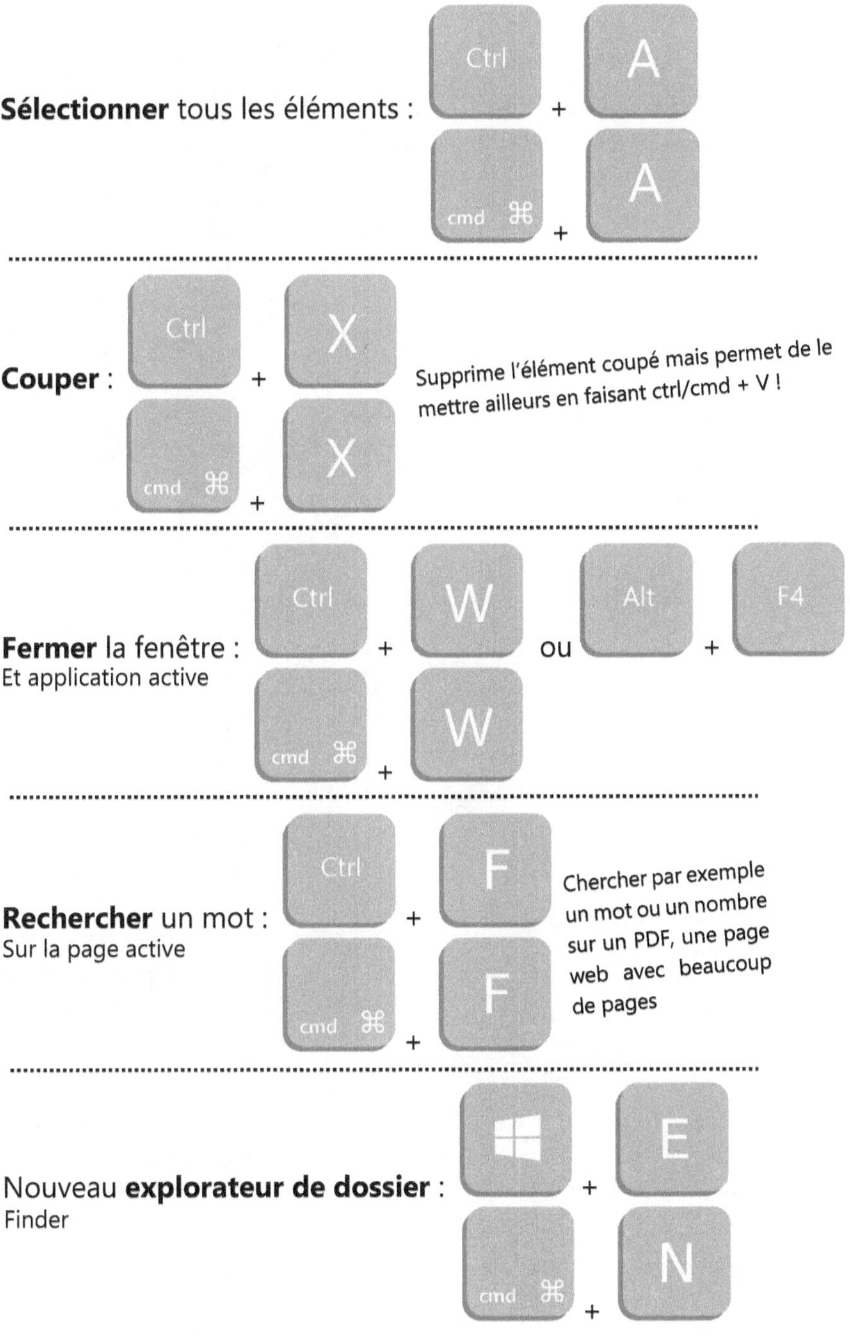

Sélectionner tous les éléments :
Ctrl + A
cmd ⌘ + A

Couper :
Ctrl + X
cmd ⌘ + X
Supprime l'élément coupé mais permet de le mettre ailleurs en faisant ctrl/cmd + V !

Fermer la fenêtre :
Et application active
Ctrl + W ou Alt + F4
cmd ⌘ + W

Rechercher un mot :
Sur la page active
Ctrl + F
cmd ⌘ + F
Chercher par exemple un mot ou un nombre sur un PDF, une page web avec beaucoup de pages

Nouveau explorateur de dossier :
Finder
+ E
cmd ⌘ + N

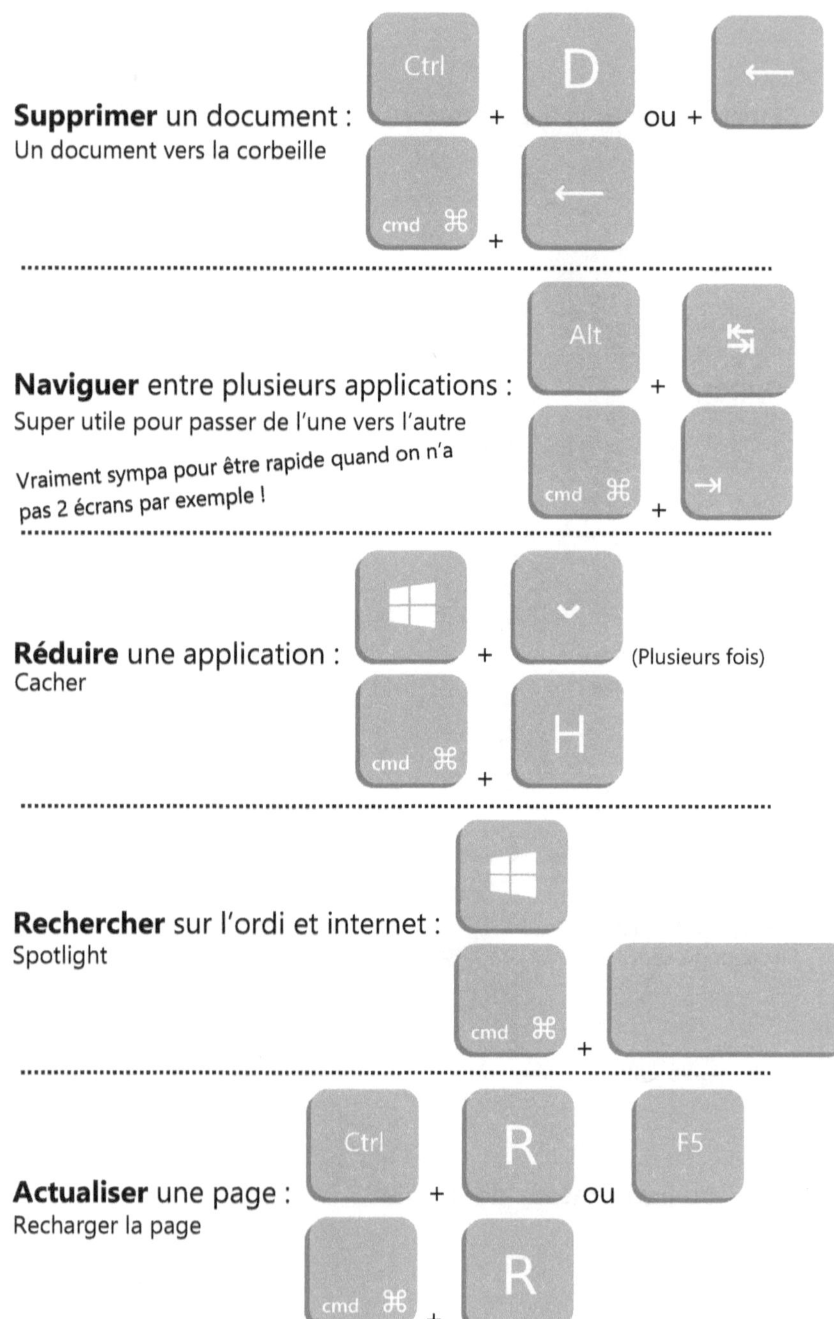

Supprimer un document :
Un document vers la corbeille

ou +

+

Naviguer entre plusieurs applications :
Super utile pour passer de l'une vers l'autre

Vraiment sympa pour être rapide quand on n'a
pas 2 écrans par exemple !

Réduire une application :
Cacher

(Plusieurs fois)

Rechercher sur l'ordi et internet :
Spotlight

Actualiser une page :
Recharger la page

ou

Prendre une **capture d'écran** :
Screen de l'écran

Prendre une **capture d'écran** :
Une partie de l'écran

Pratique pour mettre en photo son travail !

Verrouiller l'écran :

Application en plein écran :
Ou quitter le plein écran

Diviser l'écran en 2 :

Split à droite
ou à gauche

Sympa pour travailler sur 2 applications en même temps sans avoir 2 écrans !

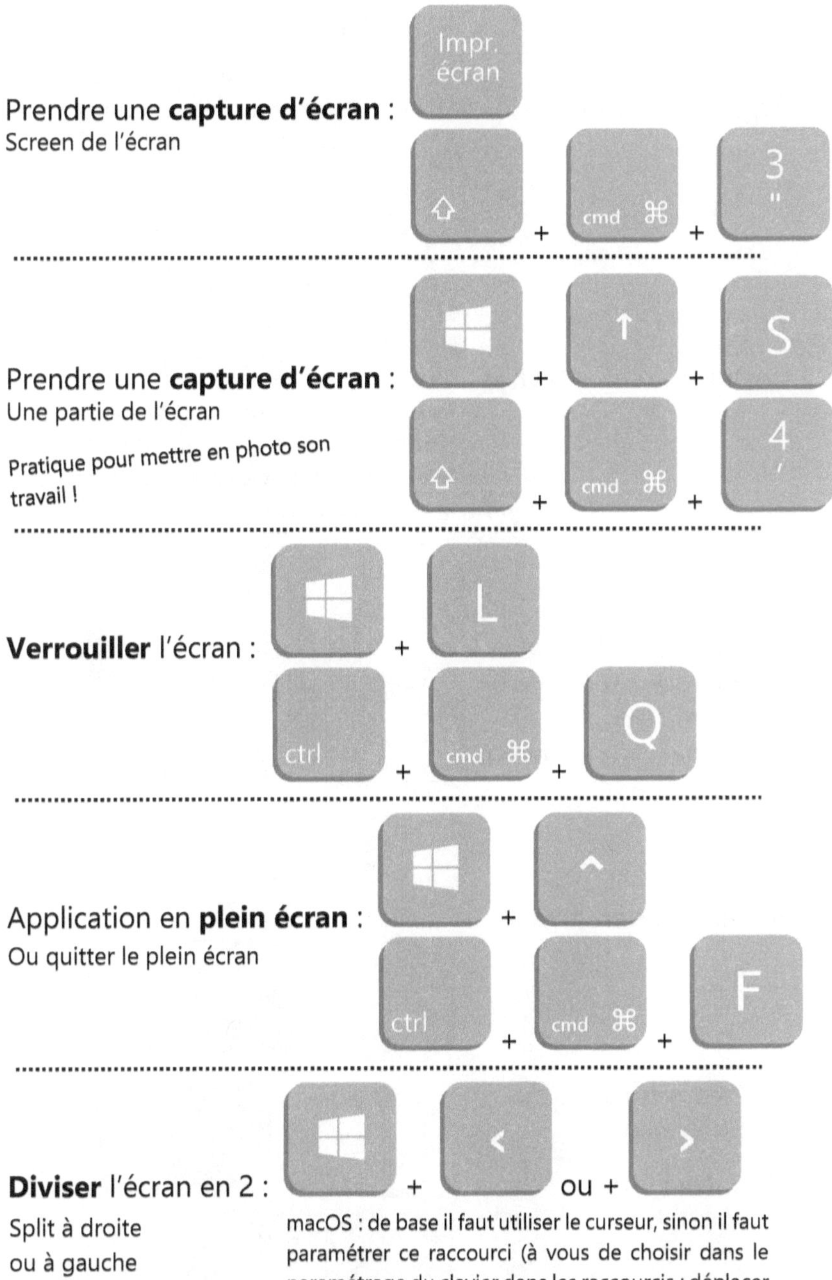

macOS : de base il faut utiliser le curseur, sinon il faut paramétrer ce raccourci (à vous de choisir dans le paramétrage du clavier dans les raccourcis : déplacer la fenêtre vers la gauche | droite de l'écran)

Afficher le **bureau** : 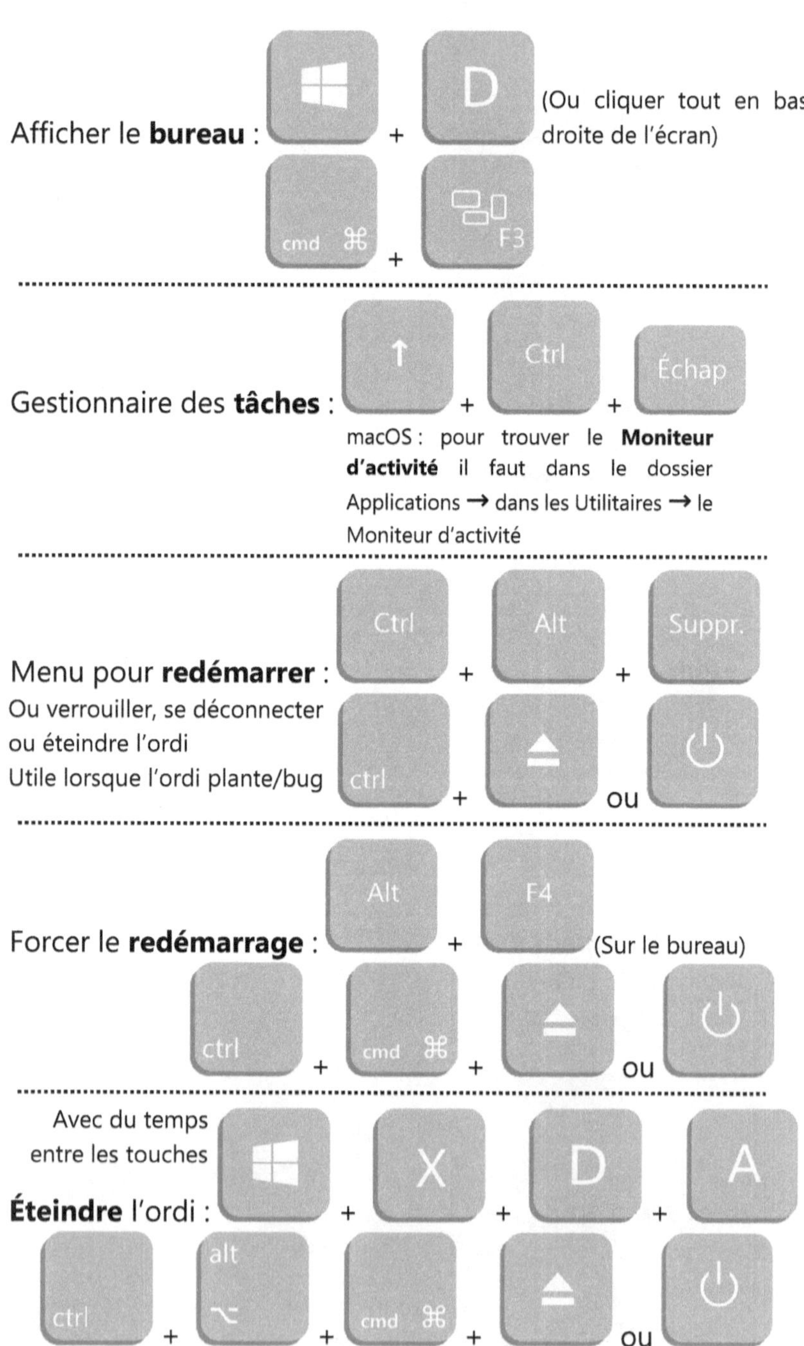 + (Ou cliquer tout en bas à droite de l'écran)

cmd ⌘ + F3

Gestionnaire des **tâches** : ↑ + Ctrl + Échap

macOS : pour trouver le **Moniteur d'activité** il faut dans le dossier Applications → dans les Utilitaires → le Moniteur d'activité

Menu pour **redémarrer** : Ctrl + Alt + Suppr.
Ou verrouiller, se déconnecter
ou éteindre l'ordi
Utile lorsque l'ordi plante/bug   ctrl + ⏏ ou ⏻

Forcer le **redémarrage** : Alt + F4 (Sur le bureau)

ctrl + cmd ⌘ + ⏏ ou ⏻

Avec du temps entre les touches

Éteindre l'ordi : ⊞ + X + D + A

ctrl + alt + cmd ⌘ + ⏏ ou ⏻

Ouvrir les **fenêtres actives** :
Sur tous les bureaux virtuels
Mission control

Nouveau **bureau virtuel** :

Cliquer en haut à droite de l'écran
sur le **+** (il faut la souris)

Naviguer sur les bureaux virtuels :
Flèches de gauche ou de droite

Supprimer le bureau virtuel :

Cliquer sur la **✕** dans le coin
en haut à droite du bureau à
fermer (il faut la souris)

Propriétés de l'application :

Emoji | Majuscule avec accent | Caractères spéciaux

Pour faire des **caractères spéciaux** sur Windows 10 et macOS, il y a quelques raccourcis à connaître pour faire de beaux documents et ne pas faire de **fautes d'orthographe**. Ils ne sont malheureusement pas directement accessibles par manque de place. Ces raccourcis sont vraiment utiles pour faire par exemple une belle lettre professionnelle, une belle présentation, des paragraphes et zones de textes propres et bien finis. Il y existe **plusieurs manières** de réaliser ces caractères, je vous en donne plusieurs d'entre elles.

Windows 10 :

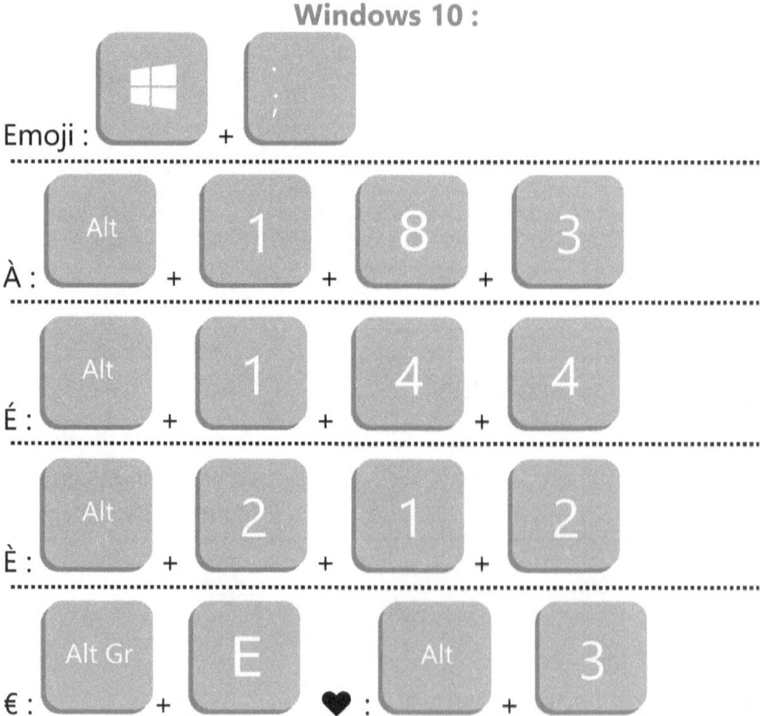

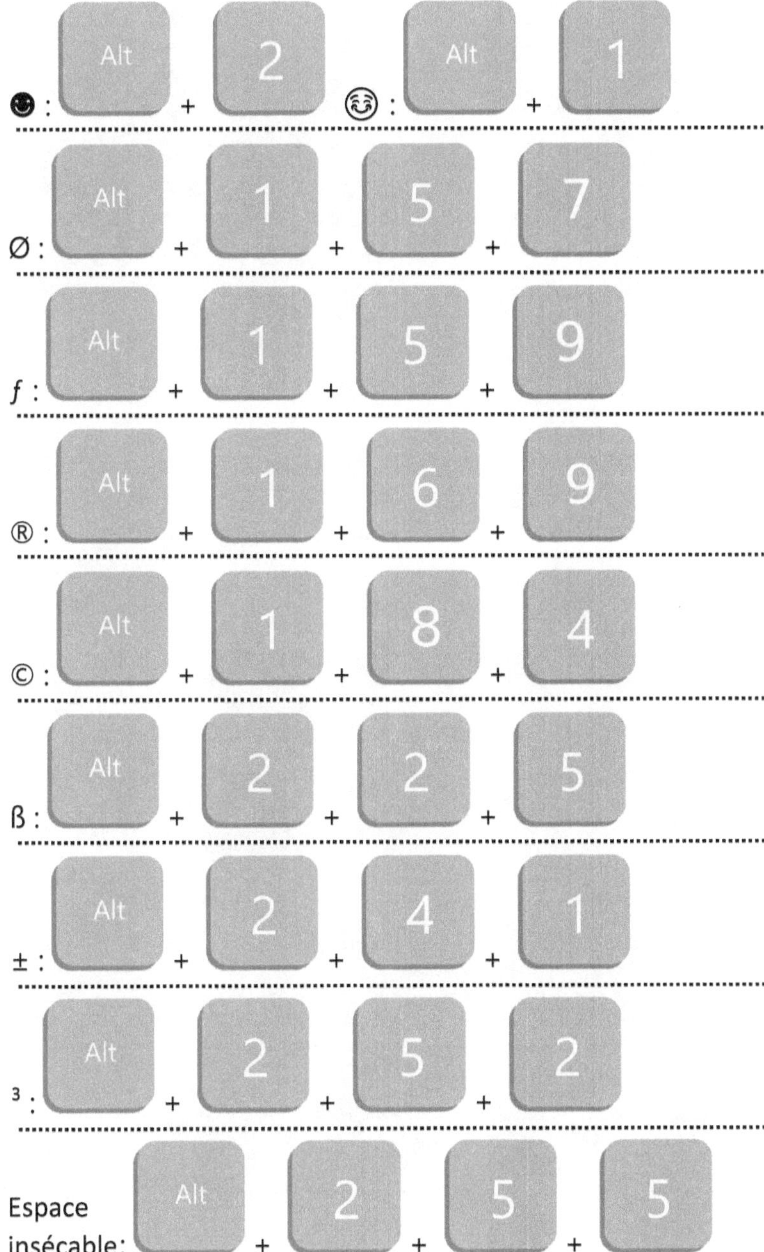
☻ : Alt + 2
😉 : Alt + 1
Ø : Alt + 1 5 7
ƒ : Alt + 1 5 9
® : Alt + 1 6 9
© : Alt + 1 8 4
ß : Alt + 2 2 5
± : Alt + 2 4 1
³ : Alt + 2 5 2
Espace insécable: Alt + 2 5 5

œ : Alt + 0 + 1 + 5 + 6

Œ : Alt + 0 + 1 + 4 + 0

ç : Alt + 1 + 2 + 8

Faites des **tests** avec Alt + un chiffre/un nombre

macOS :

Emoji : ctrl + cmd ⌘ +

É : alt + ⇧ + 7 é + ⇧ + E

È : ` + ⇧ + E

À : ` + ⇧ + A

Œ : alt + ⇧ + O

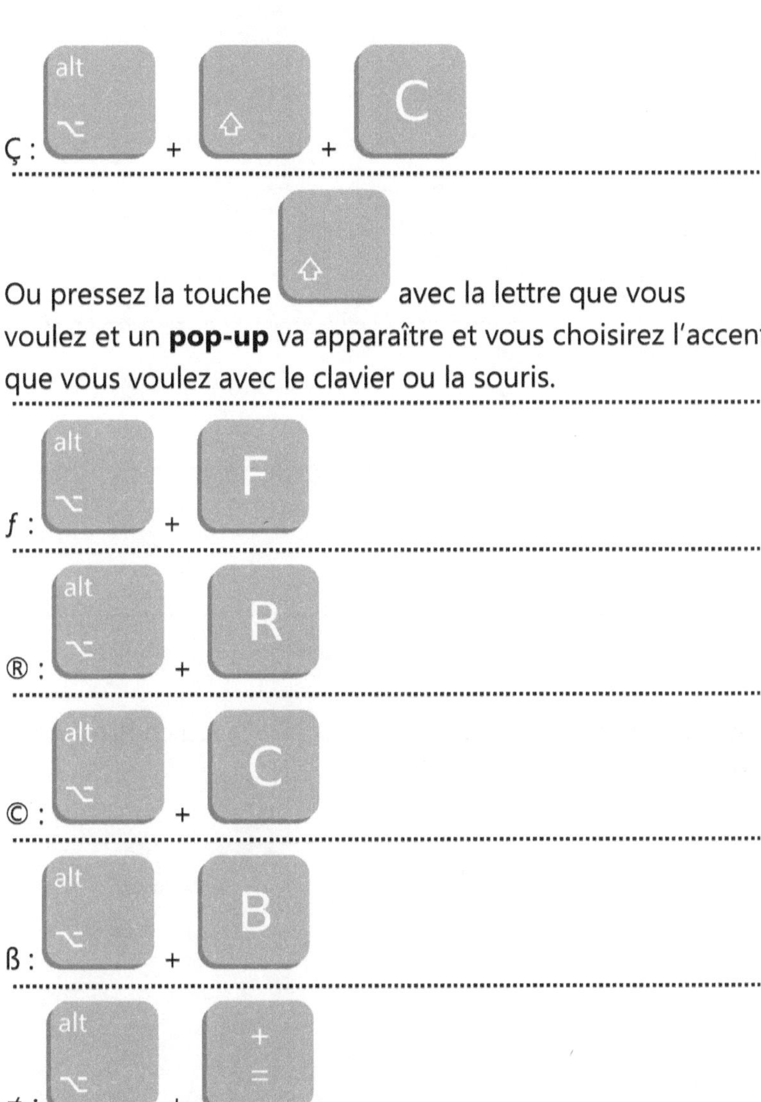

Ç : [alt] + [⇧] + [C]

Ou pressez la touche [⇧] avec la lettre que vous voulez et un **pop-up** va apparaître et vous choisirez l'accent que vous voulez avec le clavier ou la souris.

ƒ : [alt] + [F]

® : [alt] + [R]

© : [alt] + [C]

ß : [alt] + [B]

≠ : [alt] + [+ =]

± : [alt] + [⇧] + [+ =]

∞ : 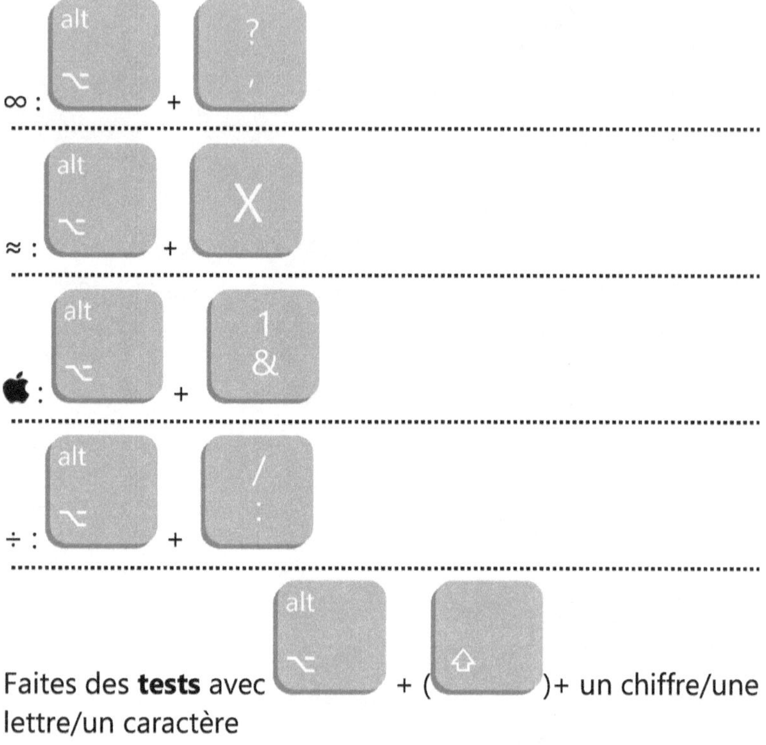

≈ :

 :

÷ :

Faites des **tests** avec + ( )+ un chiffre/une lettre/un caractère

Fonction | Fn

J'ai longuement inutilisé cette touche Fonction sans savoir à quoi elle servait, je ne me posais pas de questions sur l'utilité de certaines touches comme celle-là. Alors soit vous êtes rattachés aux personnes qui vivent dans cette ignorance ou soit vous vivez dans la connaissance de cette mystérieuse touche. Elle n'est pas présente sur tous les claviers, seulement sur les claviers qui **ne disposent pas de 2 rangées de touches** pour séparer les fonctionnalités.

Tout simplement, elle permet d'**avoir accès aux fonctionnalités** présentes à côté des touches F1 à F12. Chaque clavier possède ses **propres fonctionnalités**. Chaque touche F1,F2...F12, accompagnée d'autres touches, permettent d'avoir des raccourcis clavier, mais les fonctionnalités sur ces touches, souvent en couleur (de la même couleur **(Windows 10)** et **(macOS)**) permettent d'avoir des raccourcis clavier pour **le son, la luminosité, mise en veille et d'autres fonctionnalités** très pratiques surtout sur les ordinateurs portables.

Suppr

Pour supprimer « normalement », c'est-à-dire à gauche du curseur, c'est la touche de base qui est disponible sur le clavier. Mais pour **supprimer à droite du curseur**, il existe une solution qui n'est pas connu de tout le monde sur

Windows 10 avec la touche et sur **macOS** avec la

touche 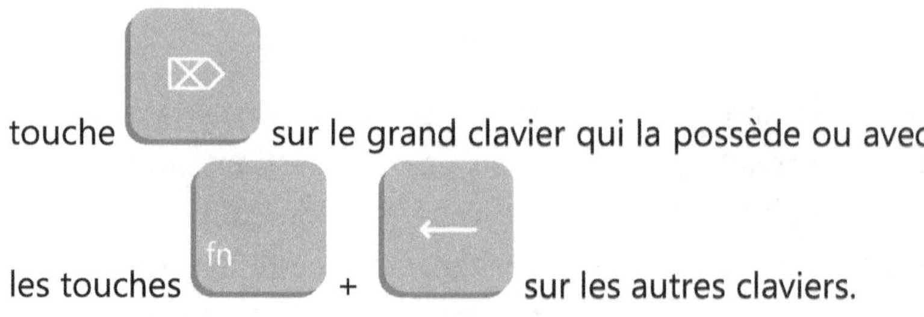 sur le grand clavier qui la possède ou avec les touches + sur les autres claviers.

Fin

L'utilité de ce livre est de vous familiariser avec votre clavier et votre souris. Cette partie est plus une astuce qu'un raccourci clavier mais elle s'avère intéressante sur les tableurs ou les zones de textes. La touche  ou  permet d'aller à la **fin de la ligne**, **de la zone de texte et de la page** par exemple. Quant à la touche  ou , autrement appelée « origine », elle permet de façon opposée à la touche précédente d'**aller au début de la ligne**, **de la zone de texte et de la page**. Ces touches **évitent de cliquer plusieurs fois** sur les petites flèches à gauche ou à droit mais aussi celle du haut et du bas. Elles **remplacent également la souris** et des allers-retours du poignet.

Tabulation | Tab

Cette touche permet de faire diverses actions. Pour commencer elle permet de faire des **alinéas** en début de

paragraphes.  (Windows 10) (macOS)

Sur les formulaires, les zones textes/cases multiples lors d'une inscription par exemple, cette touche permet de passer d'une **case à la suivante**, et éviter donc de reprendre inlassablement la souris. Pour revenir au champ **précédent** :

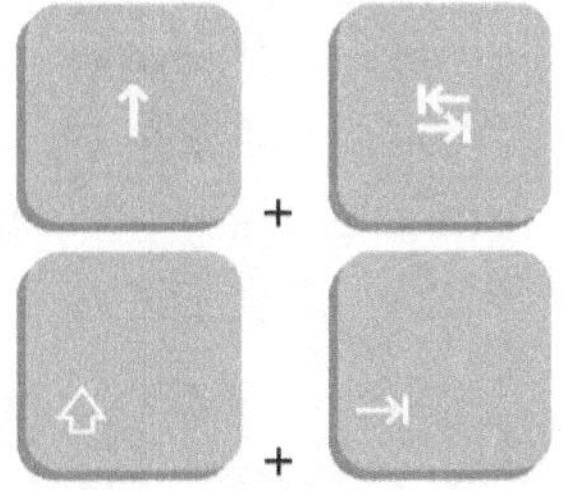

Sur les différentes applications et la plupart des logiciels qui proposent des **suggestions de mots**, des **identifiants** ou **mots de passe** automatiques; lorsqu'on marque simplement quelques lettres ou chiffres, la touche Tabulation permet de **compléter et d'écrire instantanément** la suggestion.

Sur les pages des navigateurs web, elle permet de passer d'un **hyperlien** (ou liens hypertexte) à l'autre.

J'ai déjà évoqué ce raccourci clavier, mais il me change tellement la vie, il est très apprécié des gamers, il permet de passer d'une **fenêtre à l'autre** :

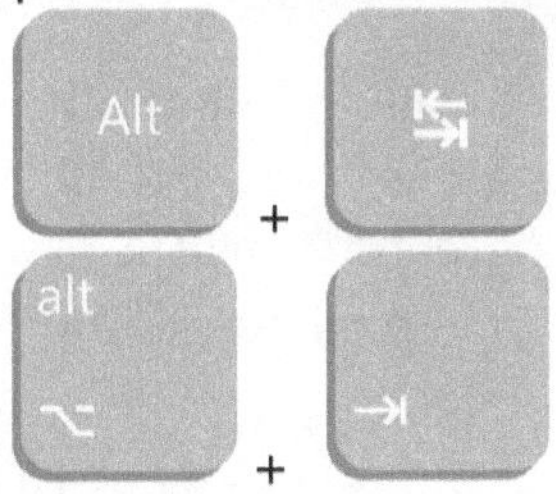

Passer en QWERTY

Si votre système d'exploitation dispose de deux claviers de **langues différentes**. Pour nous, étant francophones avec un clavier qui est, normalement, un clavier AZERTY, nous pouvons passer en clavier QWERTY, clavier pour les anglophones, (ou des claviers germaniques...) pour des raisons particulières. Pour cela, assurez-vous d'avoir **les deux langues installées** sur le système d'exploitation.

Pour **vérifier** sur Windows 10 → Démarrer → Paramétrages → Heures et langue (Langue : ajouter une langue par défaut, laisser charger) → Choisir la méthode d'entrée à toujours utiliser par défaut (il y aura plusieurs choix : Français et Américain) (→Touches de raccourci de langue d'entrée).

Par défaut le raccourci clavier est : [Alt] + [↑]

Pour **vérifier** sur macOS : Menu → Préférences système → Clavier → Méthodes de saisie → Bouton « + » (il y aura plusieurs choix : Français, Français-numérique et Américain) (→ Afficher le menu Saisie dans la barre des menus : avoir la possibilité d'avoir le drapeau du type de clavier en permanence en haut à droite de l'écran)

Par défaut le raccourci clavier est : [cmd ⌘] + [ ]

Ou [ctrl] car il risque d'y avoir un conflit entre plusieurs raccourcis clavier

Cliquer sur la molette souris

Voilà une autre astuce pour naviguer/glisser de manière fluide sur toutes les applications, ouvrir une nouvelle page à partir d'un lien (hypertexte, un site …). Vous avez tout simplement à cliquer sur la molette de la souris (si celle-ci en possède une) : (sur certains ordinateurs portables un petit bouton remplace cette molette)

Sur l'ensemble des applications, cliquer sur la molette et glissez la vers le haut ou le bas ; vous pourrez **descendre et monter à votre rythme**. Cette manière permet de **défiler** précisément.

Sur les hyperliens (ces liens permettent de vous envoyer sur un autre document, en fait, il relie le lien vers un autre document et en cliquant dessus il vous ouvre l'autre document automatiquement), les liens des sites sur les navigateurs web, le clique de la molette permet d'**éviter un ensemble de touches** (ctrl + clique droit ou clique droite + onglet (Ouvrir la page dans un nouvel onglet)). Ainsi, ce clic permet d'**ouvrir un nouvel onglet** sans quitter la page active, ou de fermer un onglet sans cliquer sur la croix rouge.

Avec l'habitude, cette astuce est vraiment **pratique** et vous **simplifie la vie** !

Voici les raccourcis clavier à utiliser sur les **3 logiciels suivants** de Microsoft Office, avec les **généraux** vus au début du livre :

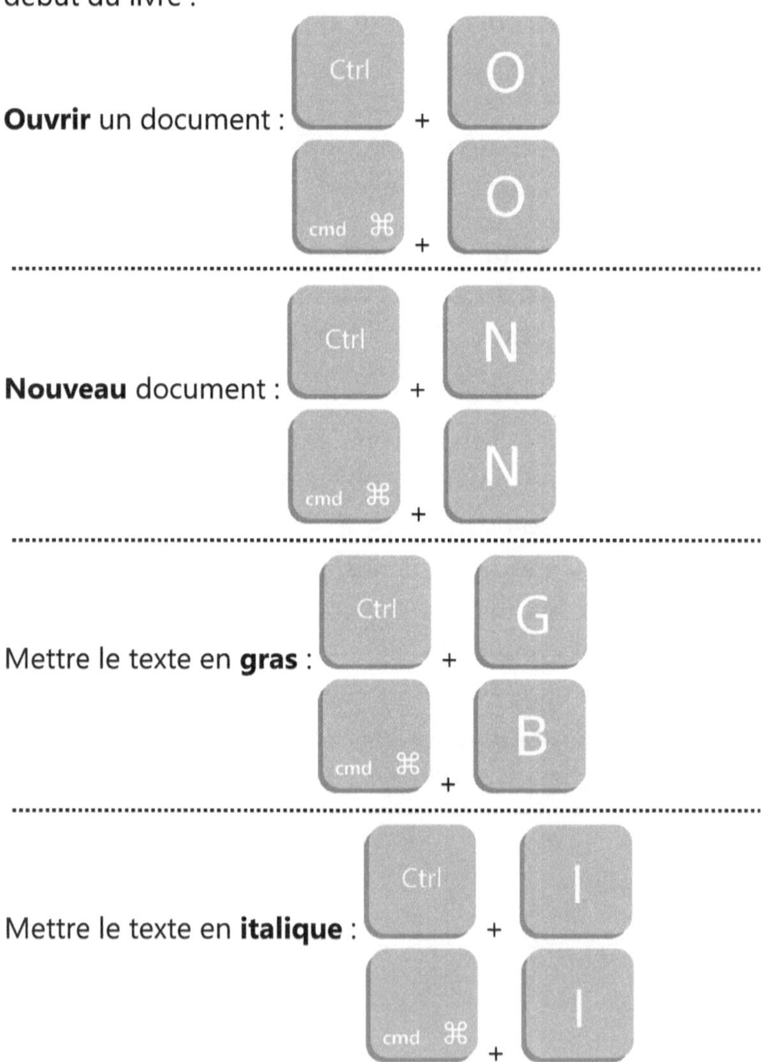

Ouvrir un document :

Nouveau document :

Mettre le texte en **gras** :

Mettre le texte en **italique** :

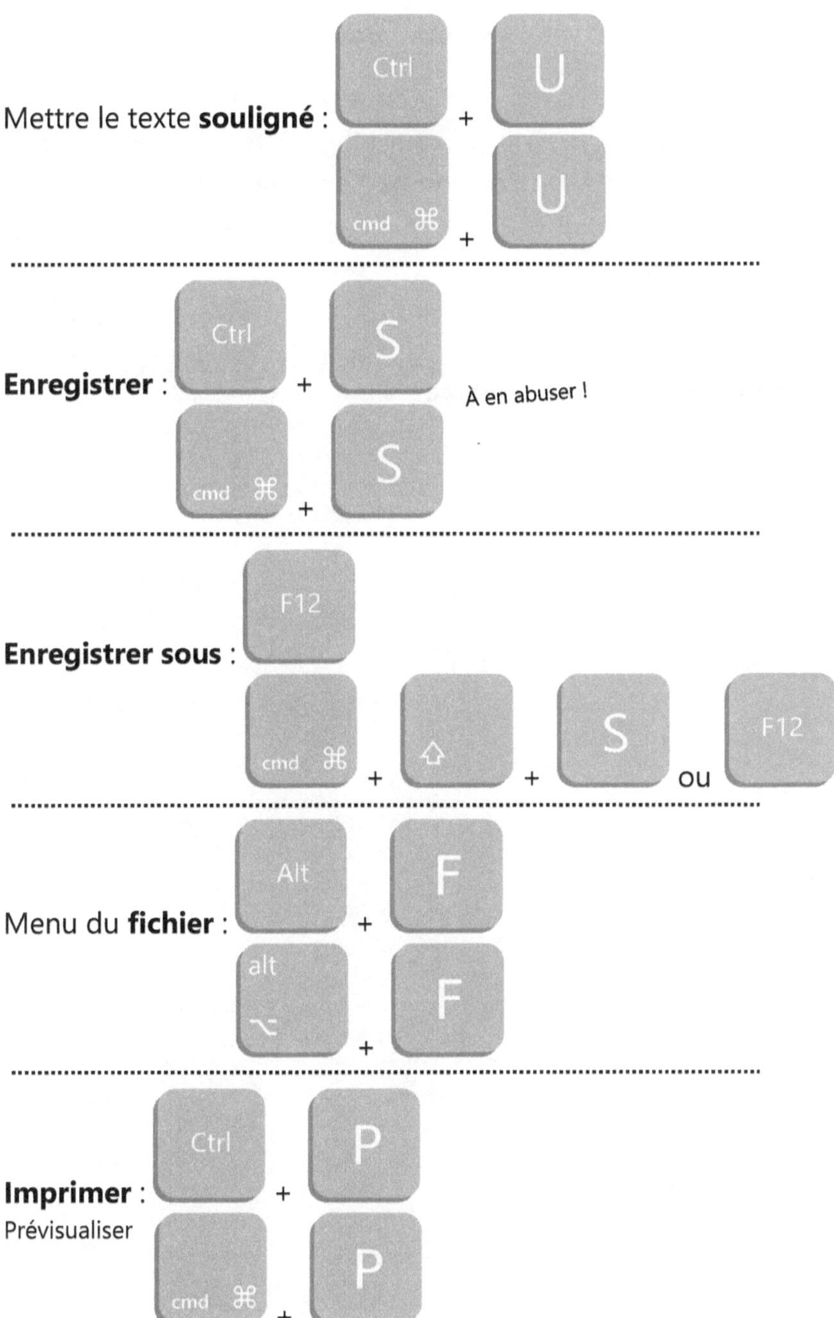

Mettre le texte souligné :
Ctrl
+
U
cmd ⌘
+
U
Enregistrer :
Ctrl
+
S
À en abuser !
cmd ⌘
+
S
Enregistrer sous :
F12
cmd ⌘
+
⇧
+
S
ou
F12
Menu du fichier :
Alt
+
F
alt ⌥
+
F
Imprimer :
Prévisualiser
Ctrl
+
P
cmd ⌘
+
P

Les raccourcis clavier qui vont suivre vont être, dans la majorité, similaires à ceux pour **Libre Office Texte**. Ils sont les **logiciels de traitement de texte de référence**. Pour mieux les connaître et les maîtriser, je vous propose des raccourcis clavier vitaux.

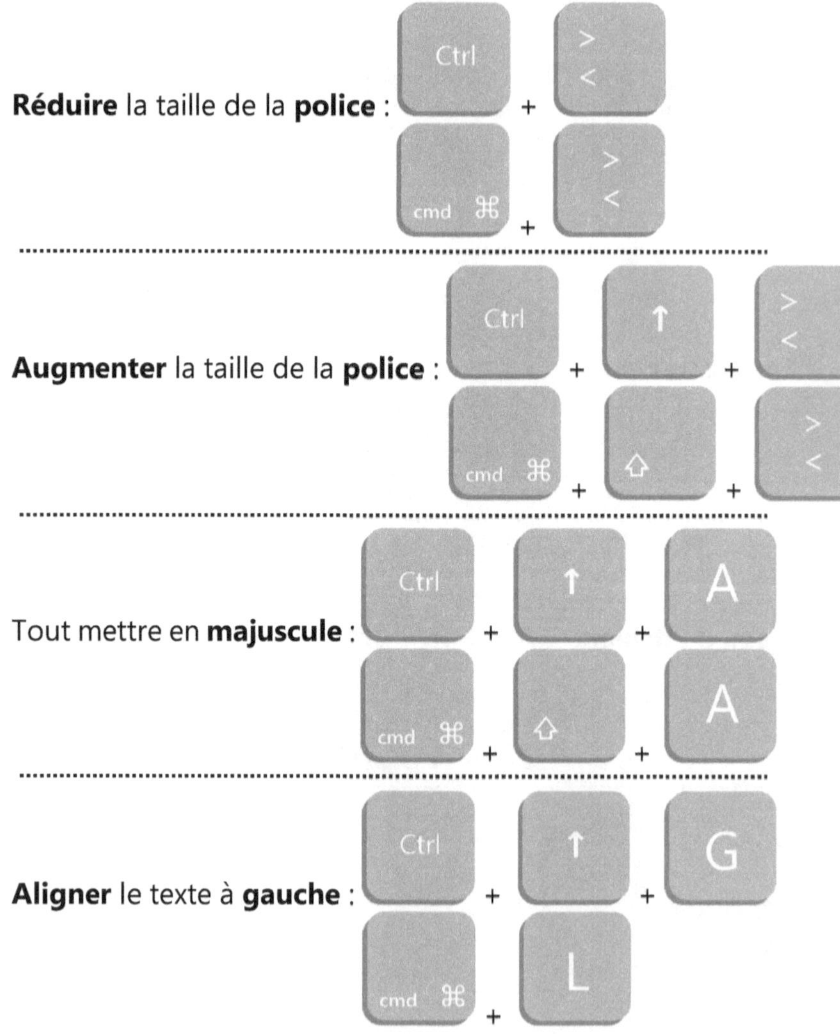

Aligner le texte à **droite** :

Centrer le texte :

Justifier le texte :

Sélectionner du texte :
Avec *Ctrl* | *cmd* aussi

Afficher les **marques** :
non imprimables
Correction de la mise en forme du texte

macOS : pas de raccourci clavier, il faut aller dans l'onglet Accueil sur le ruban et cliquer sur le bouton ¶

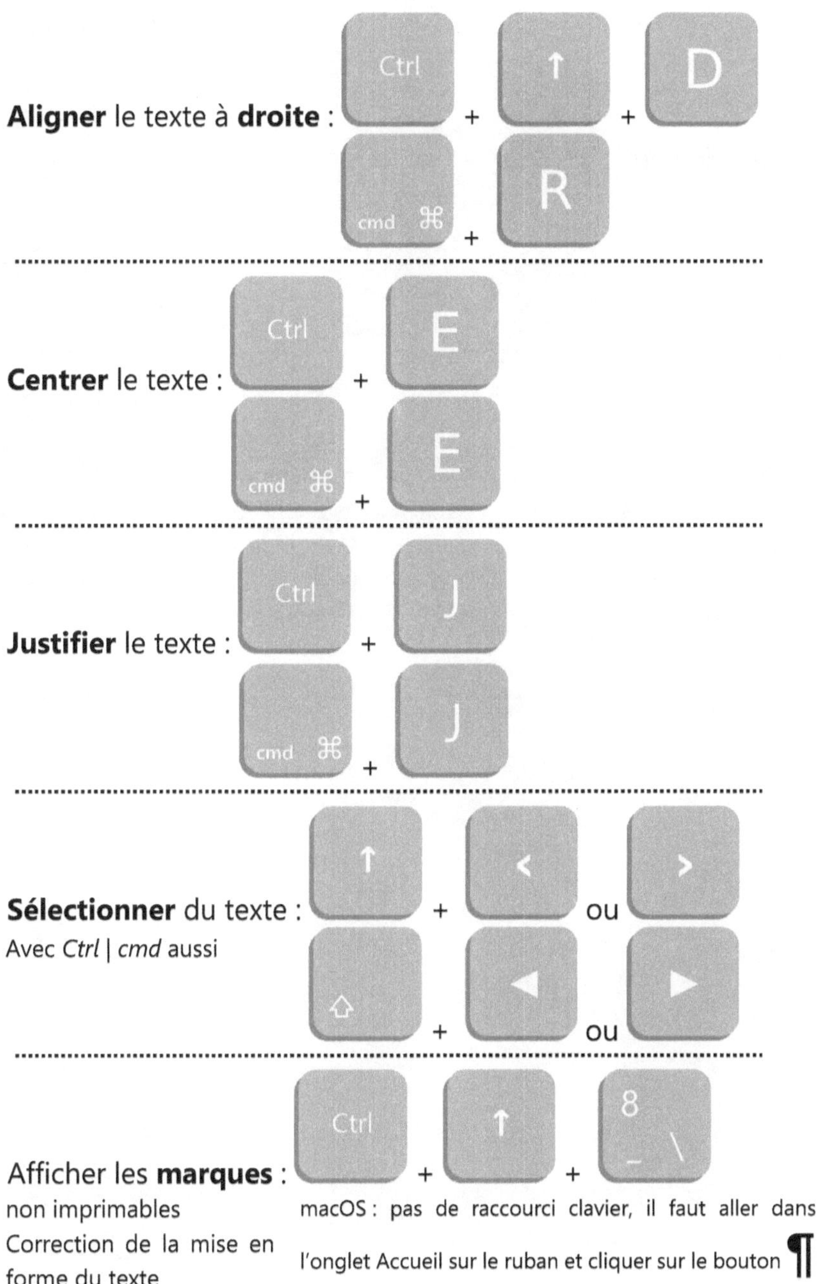

Saut de page : 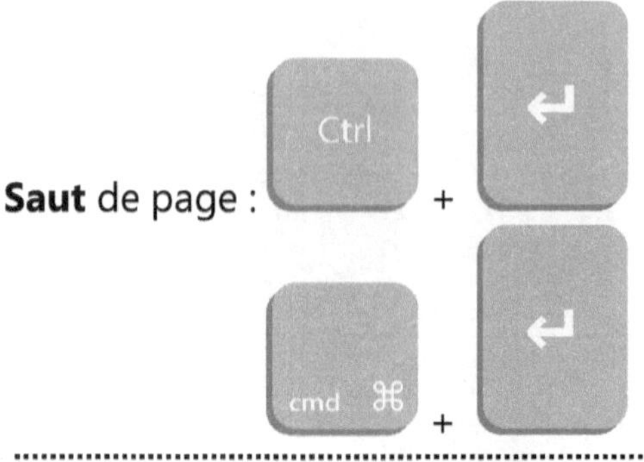

Langue de vérification : 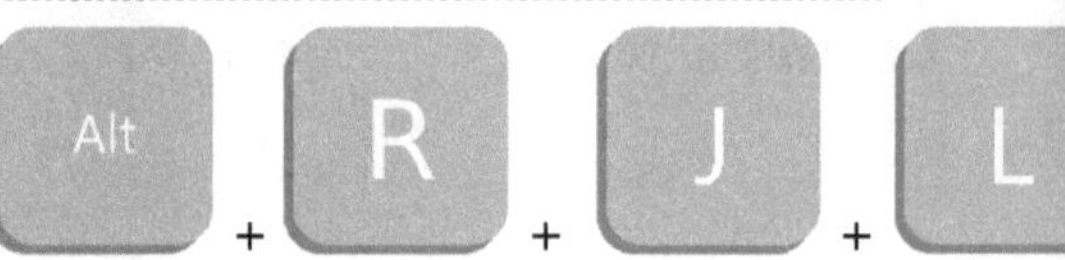
Du texte pour la correction automatique

macOS : pas de raccourci clavier, il faut aller dans l'onglet Révision sur le ruban, cliquer sur le bouton Langue et choisir dans le menu déroulant Définir la langue de vérification...

Excel | .xlsx

Libre Office Classeur va avoir, dans l'ensemble, les mêmes raccourcis clavier que ceux qui vont suivre. Ces 2 logiciels **très complets** sont des **outils** de calcul au cœur de **diverses activités**, l'utilisation varie énormément selon votre **profil**. C'est pourquoi je vous regroupe les principaux raccourcis clavier pour maîtriser les **mathématiques** notamment. À savoir qu'Excel est bourré de raccourcis clavier !

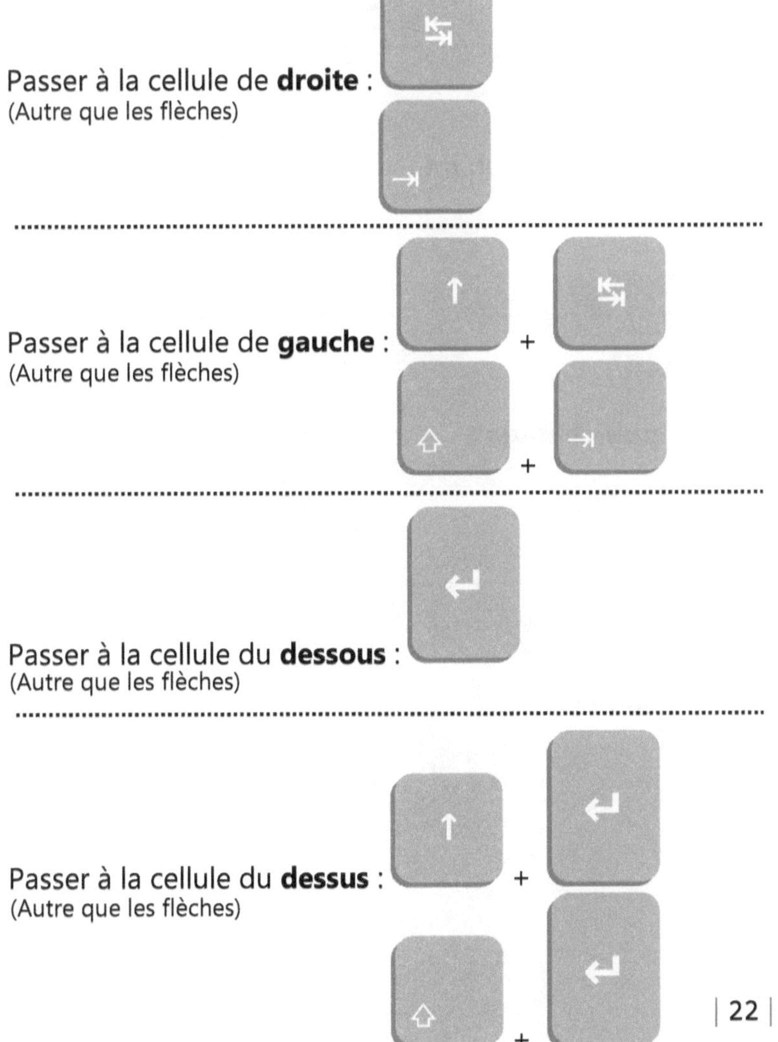

Passer à la cellule de **droite** :
(Autre que les flèches)

Passer à la cellule de **gauche** :
(Autre que les flèches)

Passer à la cellule du **dessous** :
(Autre que les flèches)

Passer à la cellule du **dessus** :
(Autre que les flèches)

Petite astuce pour ajuster la **colonne** ou la **ligne** au texte : double cliquer sur la ligne séparant 2 colonnes ou 2 lignes quand cette **flèche** s'affiche :

Cellule en format **standard** : Ctrl + R

ctrl + # @

Cellule en format **monétaire** : Ctrl + M

ctrl + * $ €

Cellule en **pourcentage** : Ctrl + ↑ + % ù

ctrl + ⇧ + % ù

Cellule en **nombre** : Ctrl + § !

ctrl + 8 !

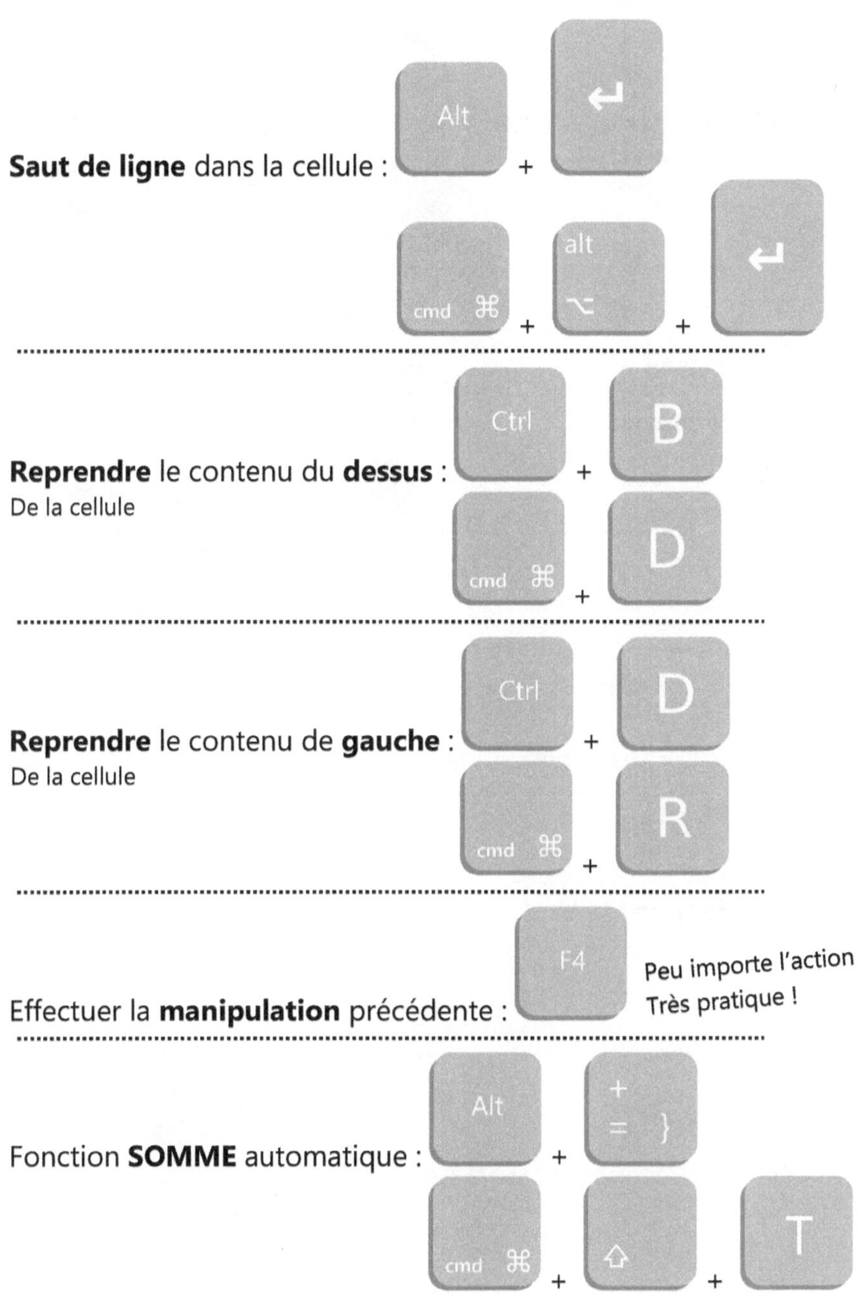

Saut de ligne dans la cellule :

Reprendre le contenu du **dessus** :
De la cellule

Reprendre le contenu de **gauche** :
De la cellule

Effectuer la **manipulation** précédente :

Peu importe l'action
Très pratique !

Fonction **SOMME** automatique :

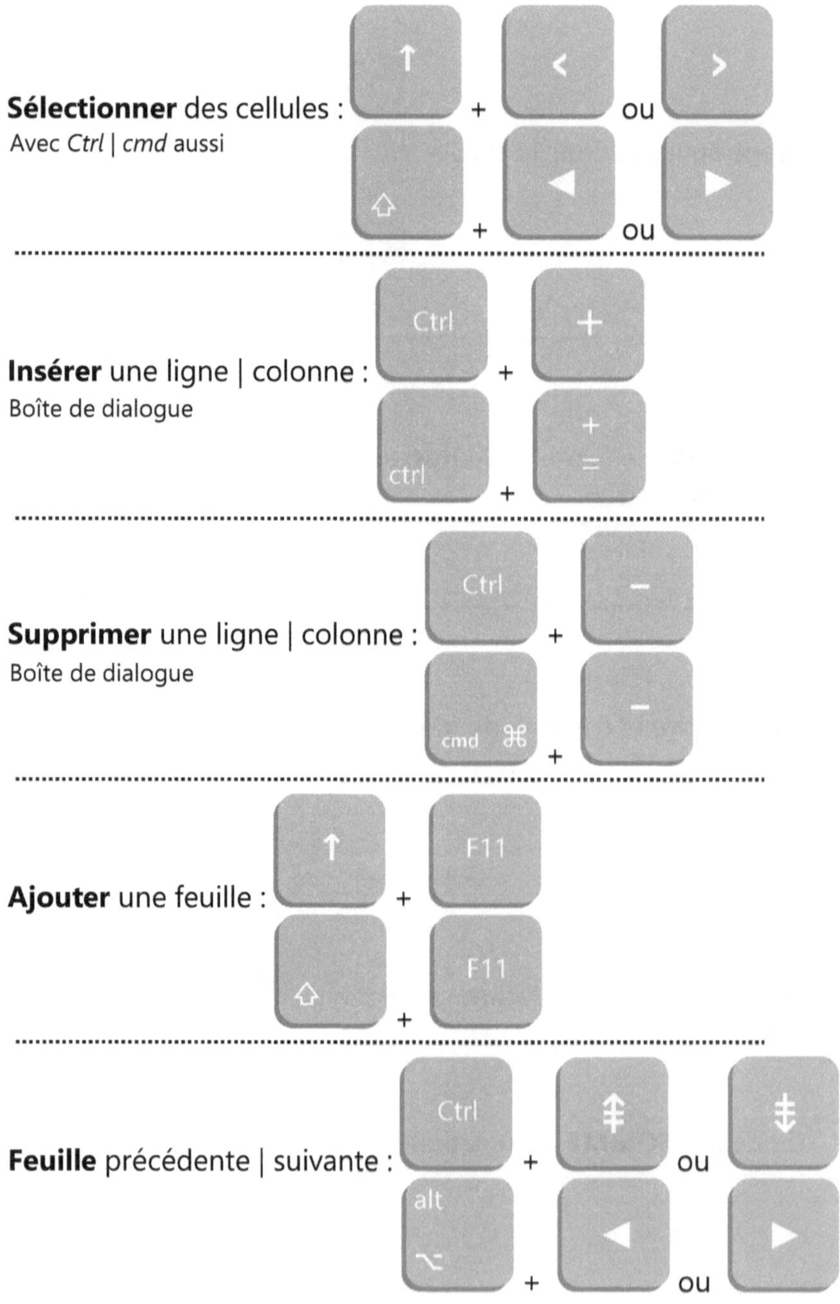

Sélectionner des cellules :
Avec Ctrl | cmd aussi
↑ + < ou >
⇧ + ◄ ou ►

Insérer une ligne | colonne :
Boîte de dialogue
Ctrl + +
ctrl + +=

Supprimer une ligne | colonne :
Boîte de dialogue
Ctrl + −
cmd ⌘ + −

Ajouter une feuille :
↑ + F11
⇧ + F11

Feuille précédente | suivante :
Ctrl + ⬆ ou ⬇
alt + ◄ ou ►

À quelques nuances près, les raccourcis clavier dans cette partie vont pouvoir être utilisés sur **Libre Office Présentation**. Pour effectuer une **diapositive** (une diapo pour les intimes), ces logiciels sont primordiaux car ils sont **accessibles** et permettent de facilement créer un **projet de qualité**. Afin de contrôler davantage les multiples accessibilités de ces logiciels, je vais vous présenter leurs raccourcis clavier clés.

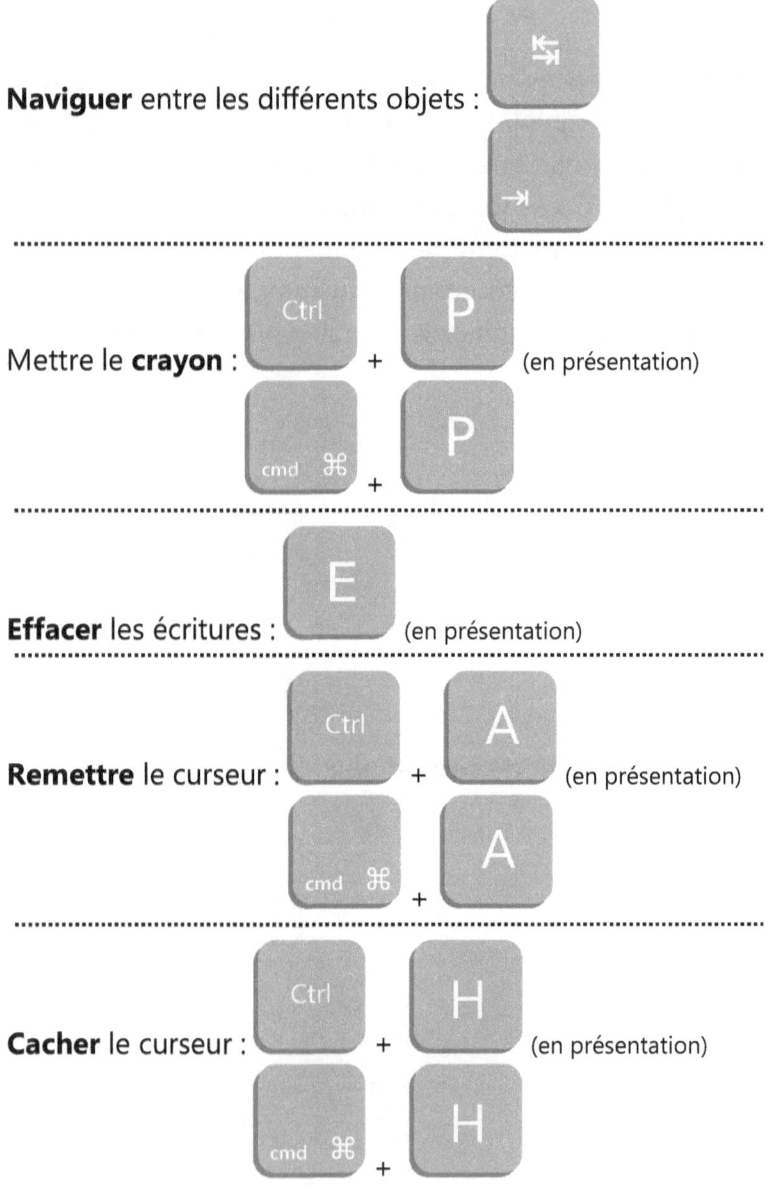

Naviguer entre les différents objets :
Mettre le crayon : Ctrl + P (en présentation)
cmd ⌘ + P
Effacer les écritures : E (en présentation)
Remettre le curseur : Ctrl + A (en présentation)
cmd ⌘ + A
Cacher le curseur : Ctrl + H (en présentation)
cmd ⌘ + H

Pivoter l'objet : 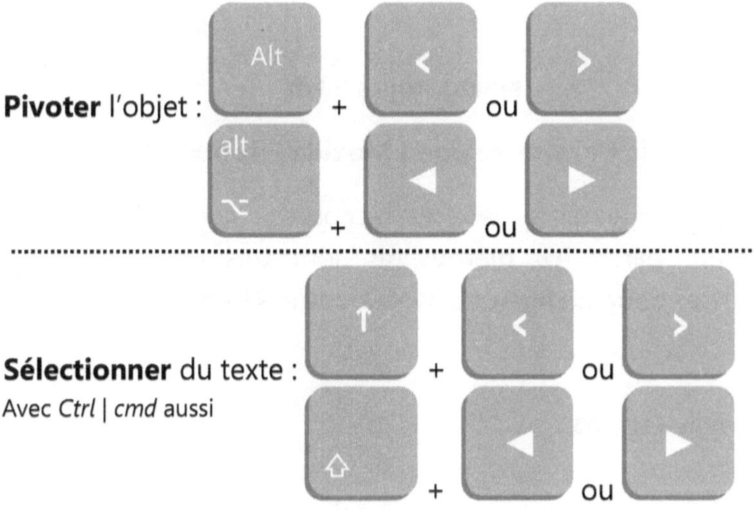

Sélectionner du texte :
Avec *Ctrl* | *cmd* aussi

Navigateurs Web

Google Chrome | Edge | Mozilla Firefox | Brave

Sur ces navigateurs web, les raccourcis clavier restent en majeure partie **les mêmes**. Ils sont très intéressants à maîtriser pour **surfer** sur le web à votre rythme.

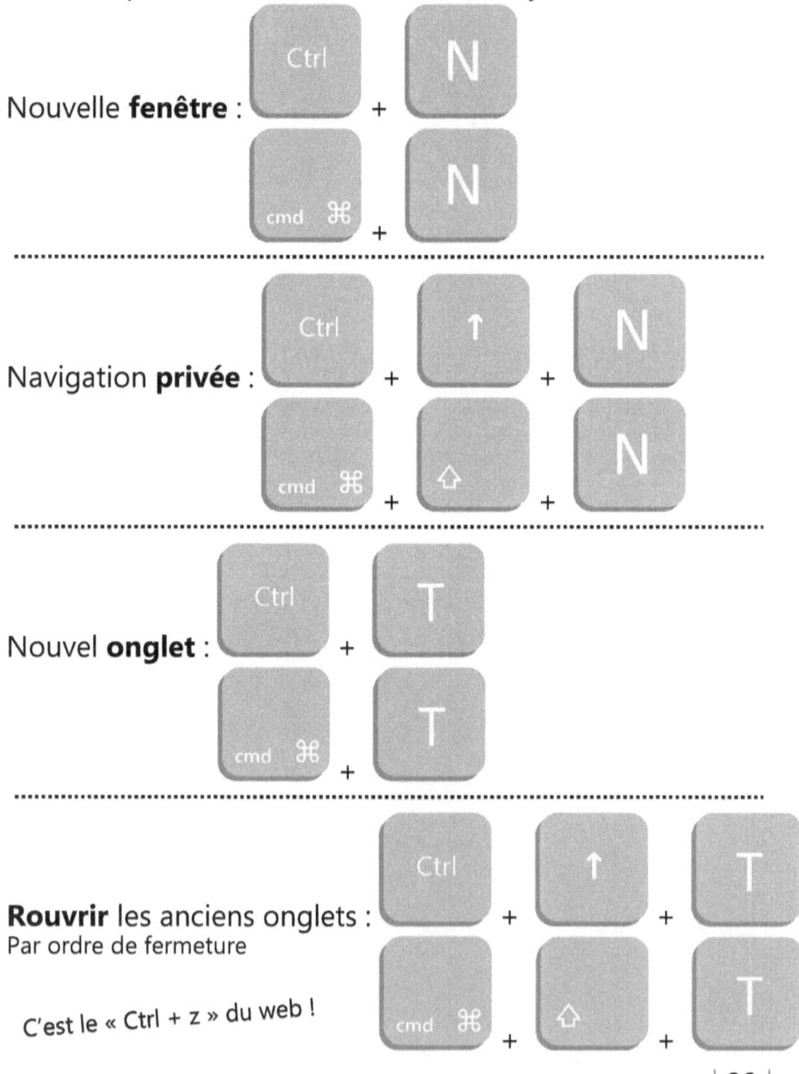

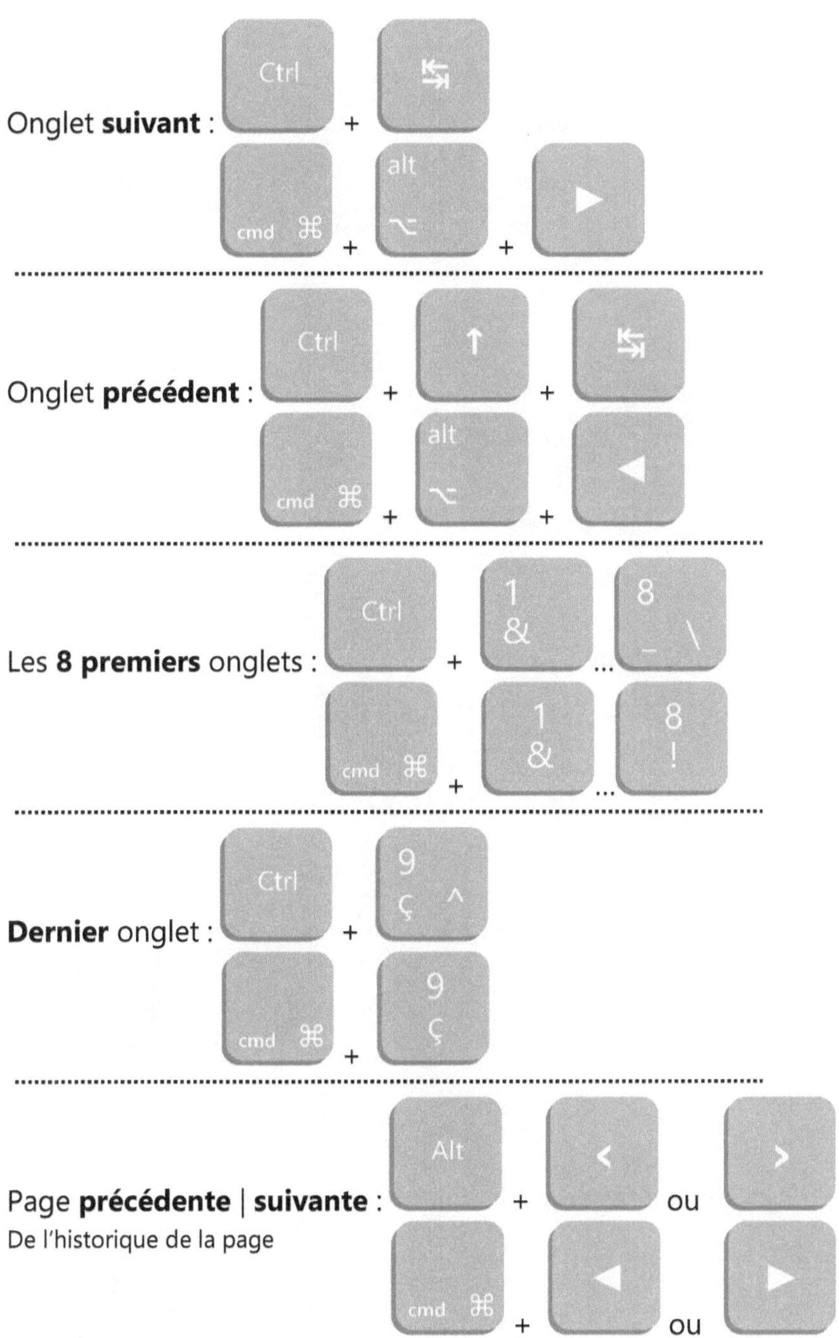
Onglet suivant :
Ctrl +
cmd ⌘ + alt + ▶

Onglet précédent :
Ctrl + ↑ +
cmd ⌘ + alt + ◀

Les 8 premiers onglets :
Ctrl + 1 & ... 8 \
cmd ⌘ + 1 & ... 8 !

Dernier onglet :
Ctrl + 9 ç ^
cmd ⌘ + 9 ç

Page précédente | suivante :
De l'historique de la page
Alt + ◀ ou ▶
cmd ⌘ + ◀ ou ▶

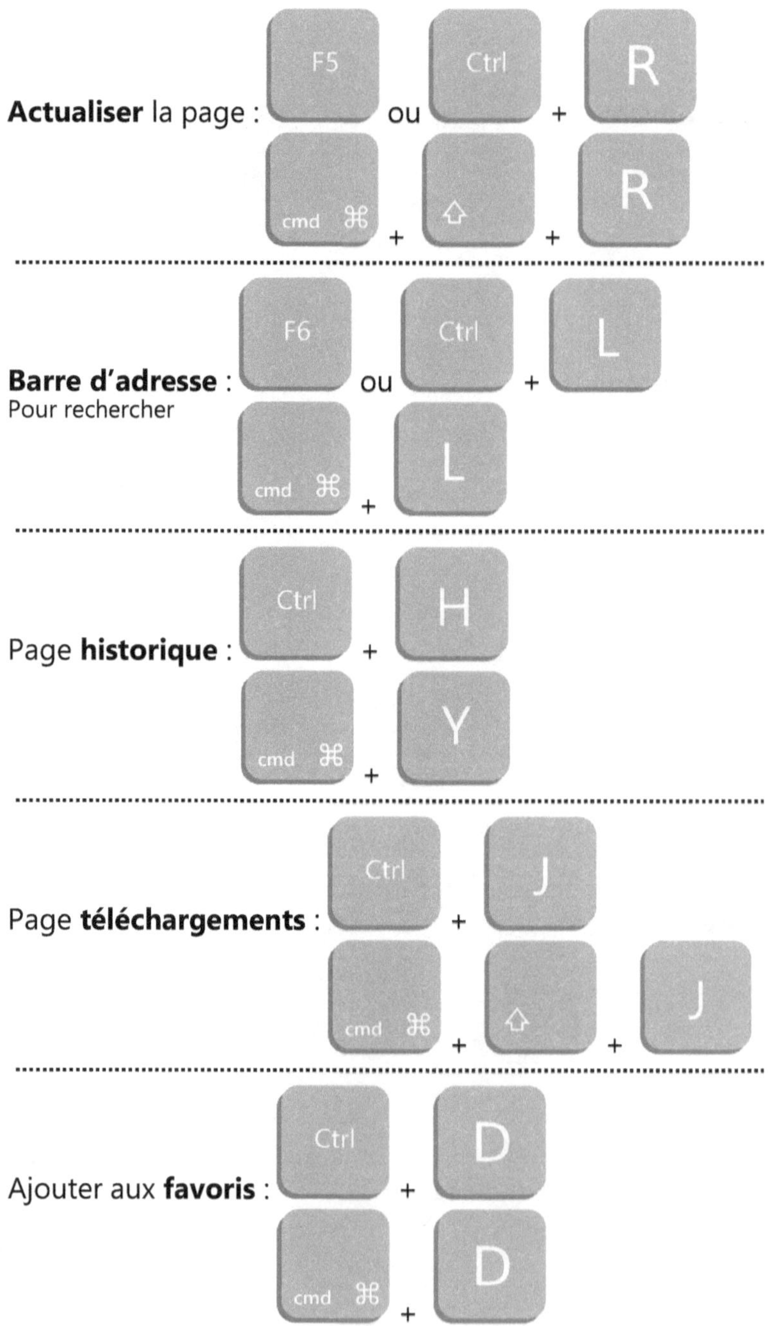

Actualiser la page :

ou

Barre d'adresse :
Pour rechercher

ou

Page **historique** :

Page **téléchargements** :

Ajouter aux **favoris** :

Safari

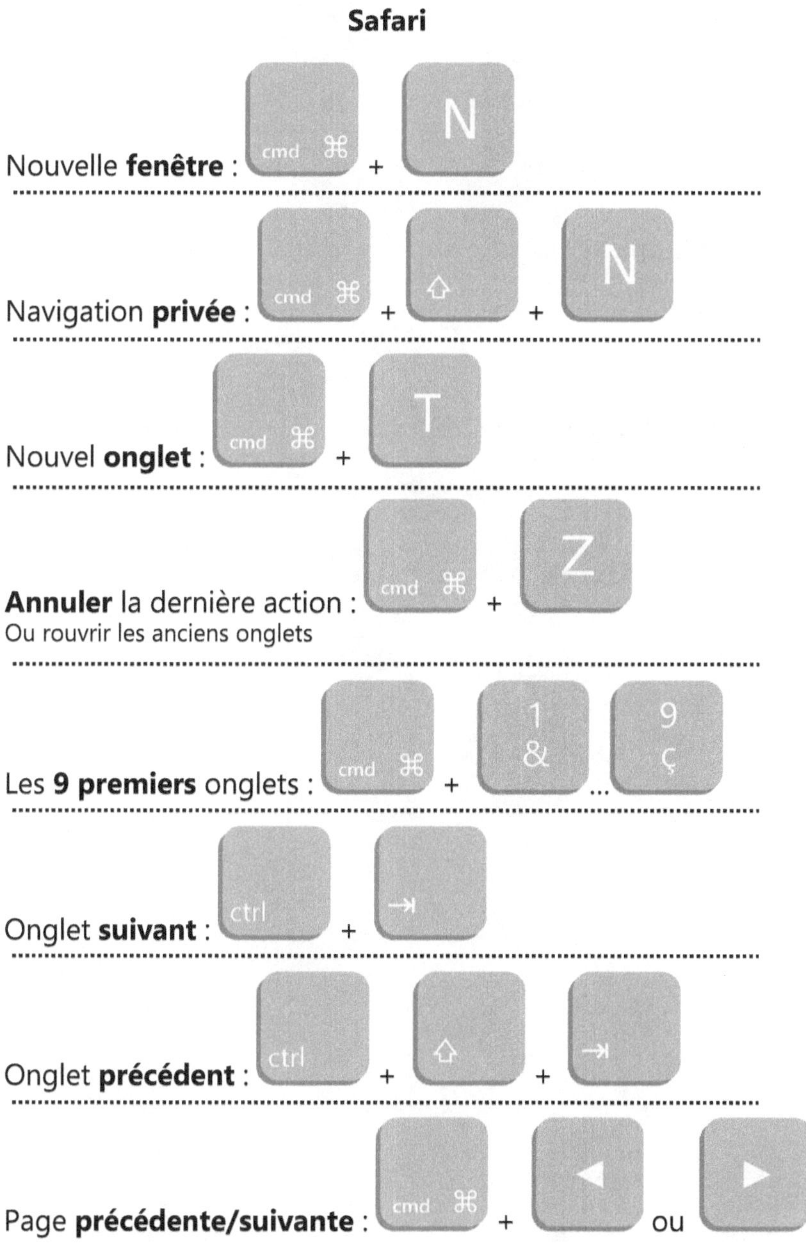

Nouvelle **fenêtre** :

Navigation **privée** :

Nouvel **onglet** :

Annuler la dernière action :
Ou rouvrir les anciens onglets

Les **9 premiers** onglets :

Onglet **suivant** :

Onglet **précédent** :

Page **précédente/suivante** :
De l'historique de la page

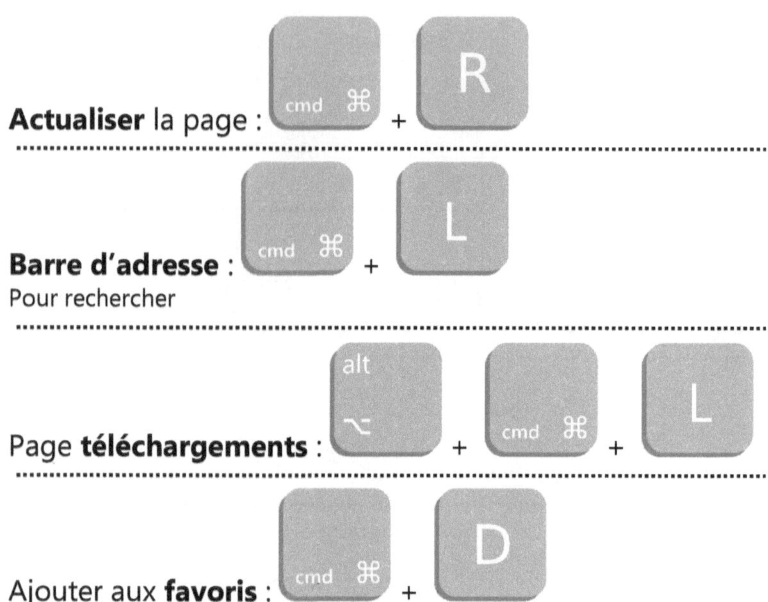

Actualiser la page : ⌘ + R

Barre d'adresse : ⌘ + L
Pour rechercher

Page **téléchargements** : alt + ⌘ + L

Ajouter aux **favoris** : ⌘ + D

<h2 style="text-align:center">Google Drive</h2>

Il s'agit d'une **solution de stockage** en **Cloud**, les données sont accessibles sur **tous les supports** (Ordinateurs, téléphones, tablettes). Il fournit également des **outils** qualitatifs et professionnels très ressemblants à la suite bureautique de Microsoft Office.

Pour celles et ceux qui ne **connaitraient pas** ou ne seraient **pas familiers** avec ces outils, je vous présente les points positifs et les points négatifs de ces outils :

✓*Avantages* : Les enregistrements sont **automatiques sur le Cloud** | Les historiques des **versions** et des **modifications antérieures** sont accessibles à tout moment | Les **travaux de groupe** sont facilités, il est très simple de travailler en simultané sur le même document à plusieurs | Chaque compte dispose d'un espace de stockage de **15Go** gratuit | Les outils disposent de fonctionnalités **inédites**

✗*Inconvénients* : Les fonctionnalités sont **limitées** par rapport à la suite bureautique de Microsoft Office | Il faut une **connexion internet** pour enregistrer les documents (possibilité d'accès aux documents en hors connexion)

Voici quelques raccourcis clavier pour ces applications Google très pratiques :

Sélectionner l'élément : 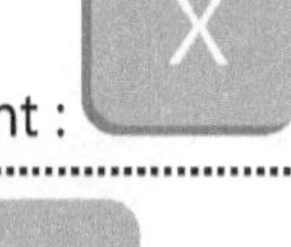

Ouvrir l'élément :

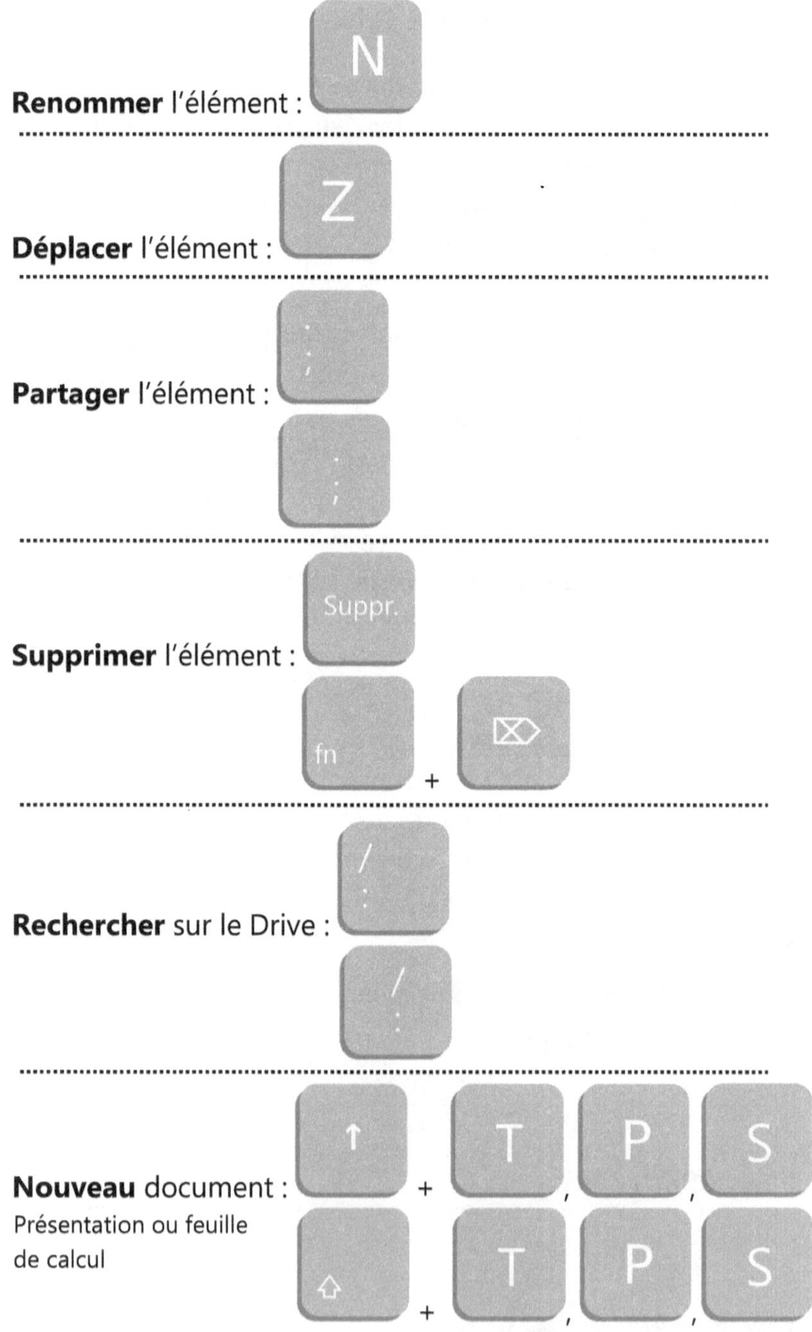

Renommer l'élément :

Déplacer l'élément :

Partager l'élément :

Supprimer l'élément :

Rechercher sur le Drive :

Nouveau document :
Présentation ou feuille
de calcul

Les **3 applications** suivantes disponibles sur Google Drive pour un traitement de texte, une feuille de calcul et une présentation ont des raccourcis clavier **en commun**. Certains raccourcis clavier généraux au début du livre peuvent s'appliquer.

Enregistrer : automatique !

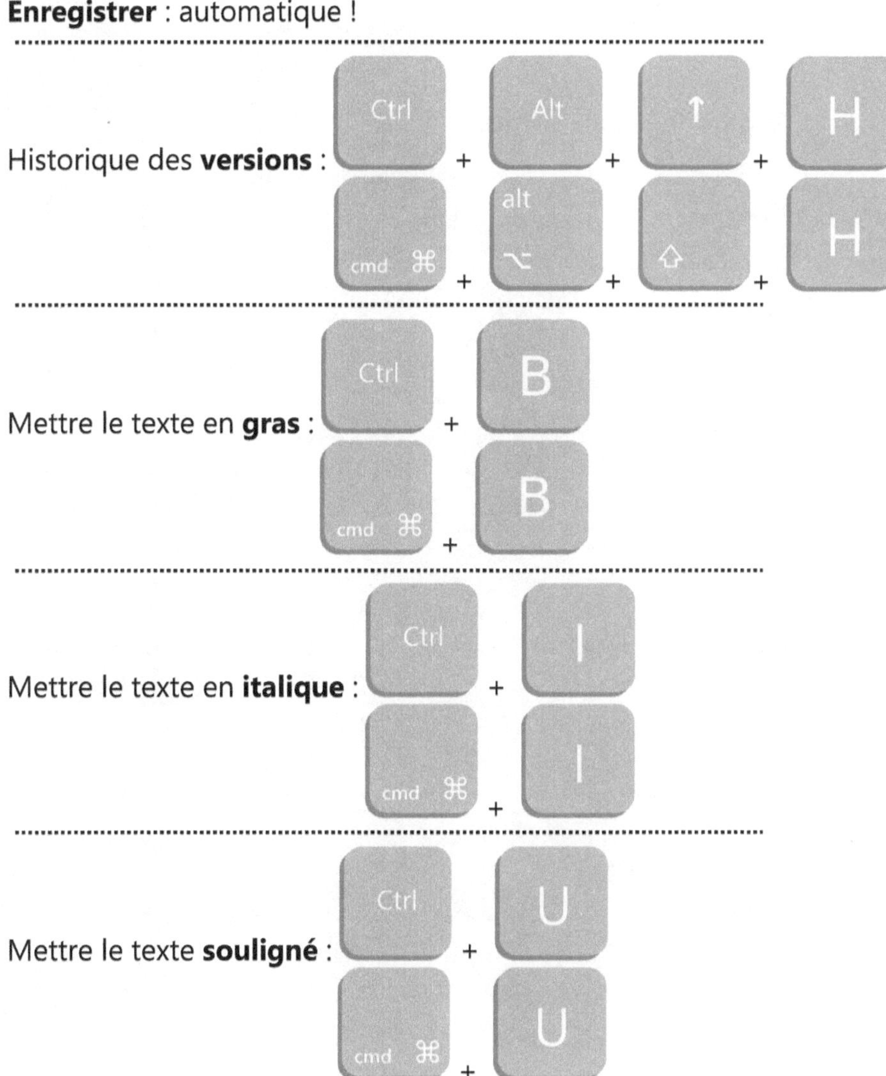

Aligner le texte à **gauche** :

Aligner le texte à **droite** :

Centrer le texte :

Justifier le texte : (sauf sur Google Sheet)

Agrandir image :

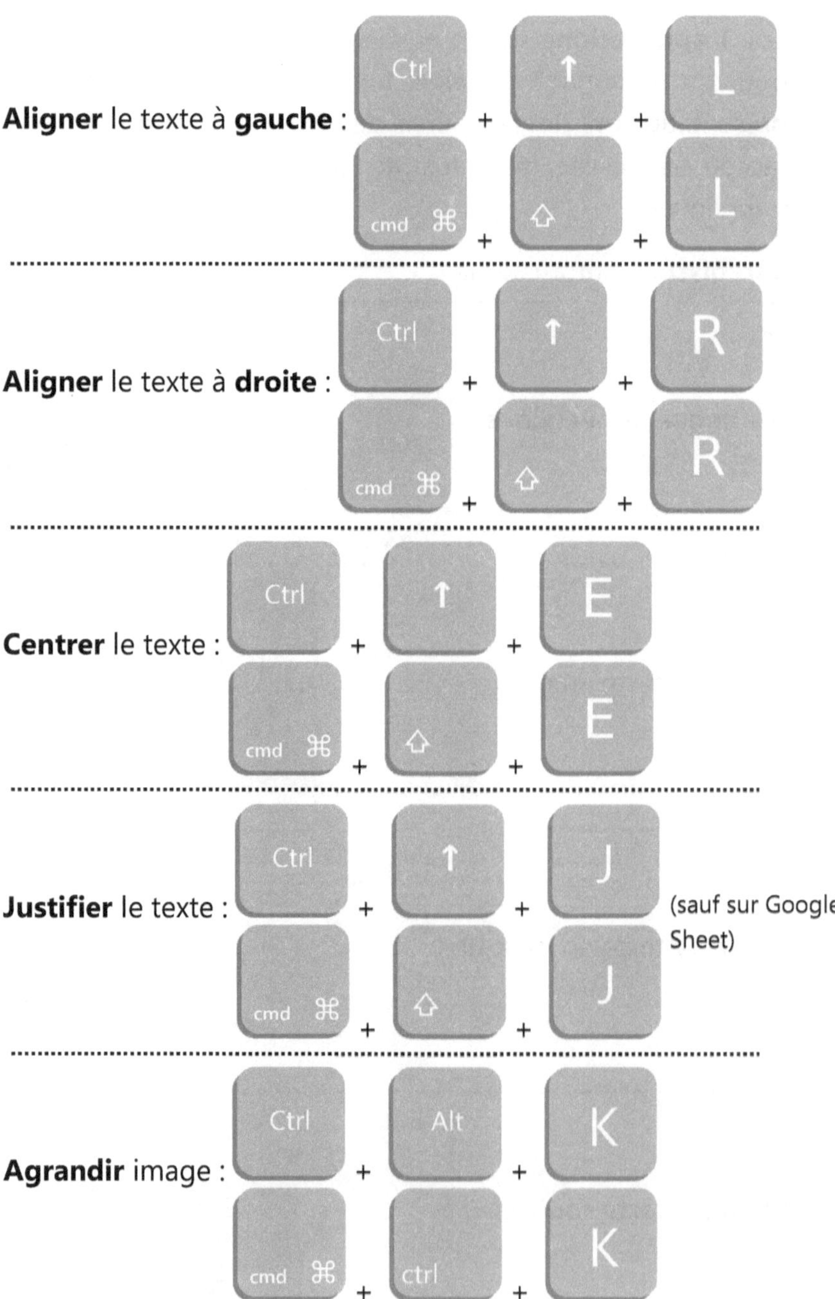

Réduire image :

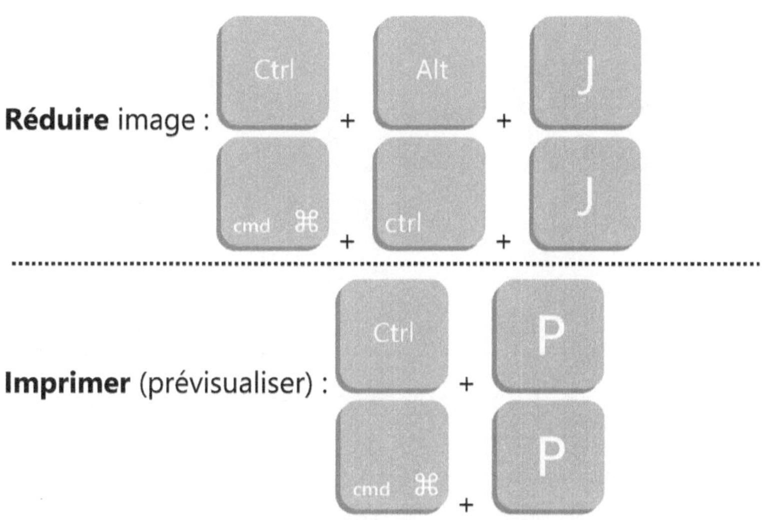

Imprimer (prévisualiser) :

Google Docs

Cette application de Google est pareille que **Word** ou **Open Office Texte**.

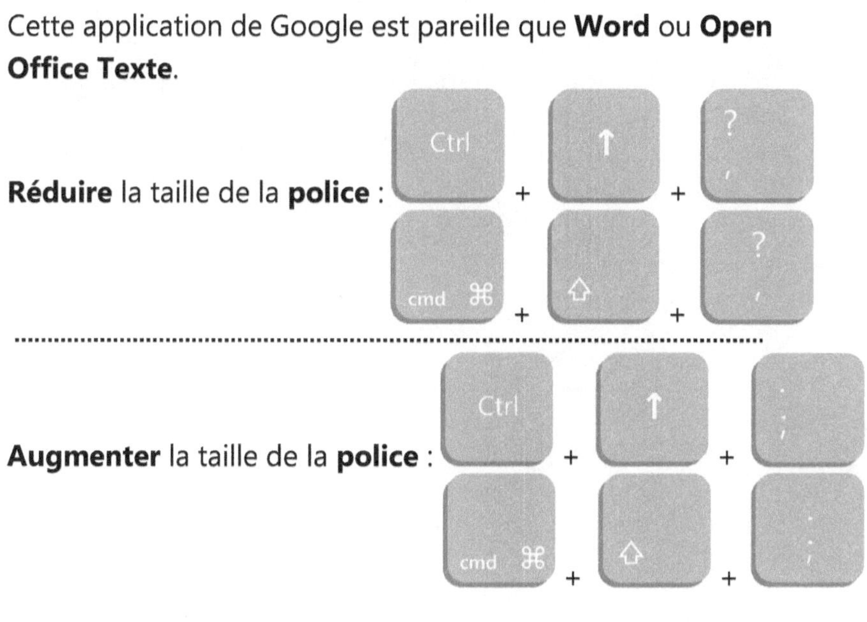

Réduire la taille de la **police** :

Augmenter la taille de la **police** :

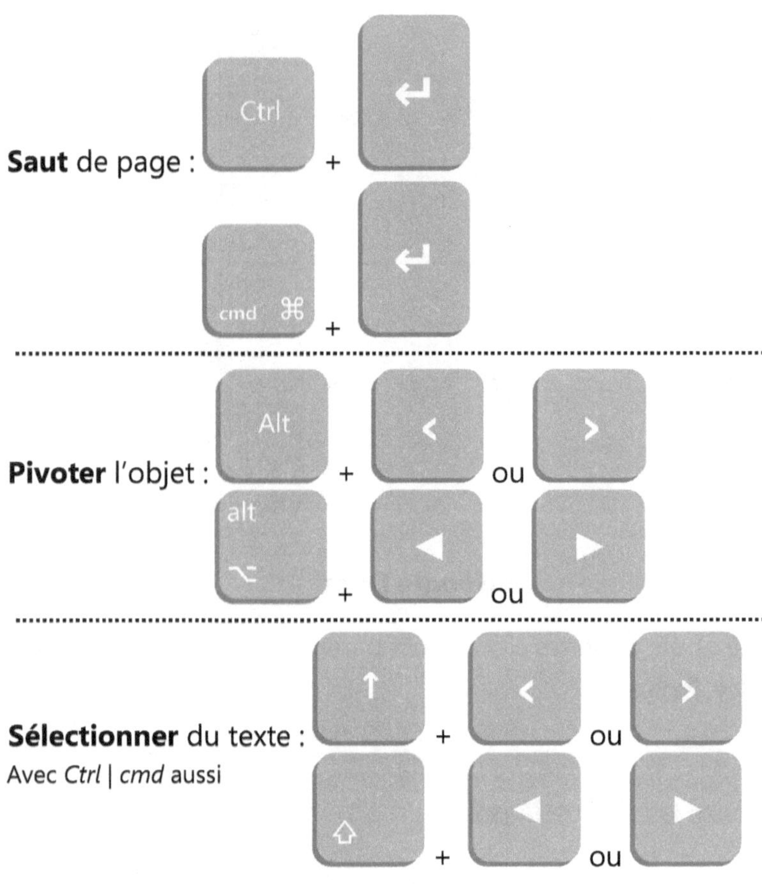

Saut de page :
Ctrl
+
cmd
+
Pivoter l'objet :
Alt
+
ou
alt
+
ou
Sélectionner du texte :
Avec Ctrl | cmd aussi
+
ou
+
ou

Il s'agit de l'application Google qui peut s'apparenter à **Excel** ou **Open Office Classeur**.

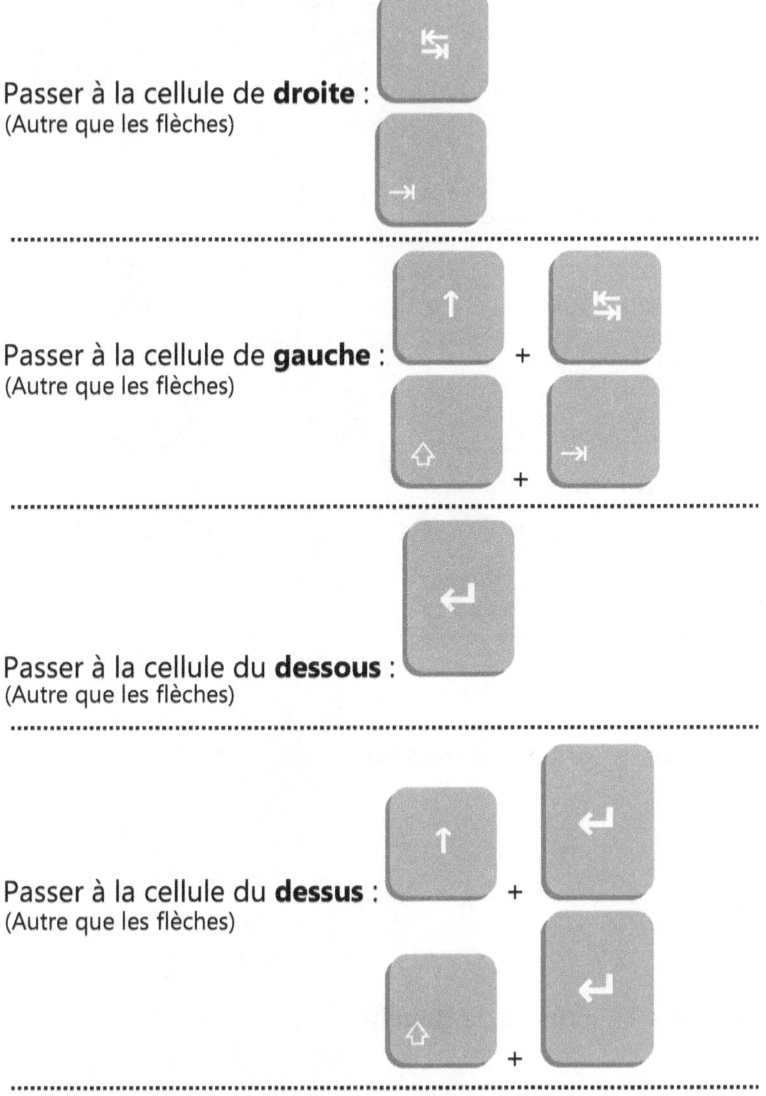

Passer à la cellule de **droite** :
(Autre que les flèches)

Passer à la cellule de **gauche** :
(Autre que les flèches)

Passer à la cellule du **dessous** :
(Autre que les flèches)

Passer à la cellule du **dessus** :
(Autre que les flèches)

Petite astuce pour ajuster la **colonne** ou la **ligne** au texte : double cliquer sur la ligne séparant 2 colonnes ou 2 lignes quand cette **flèche** s'affiche : ◄►

Cellule en format **monétaire** :

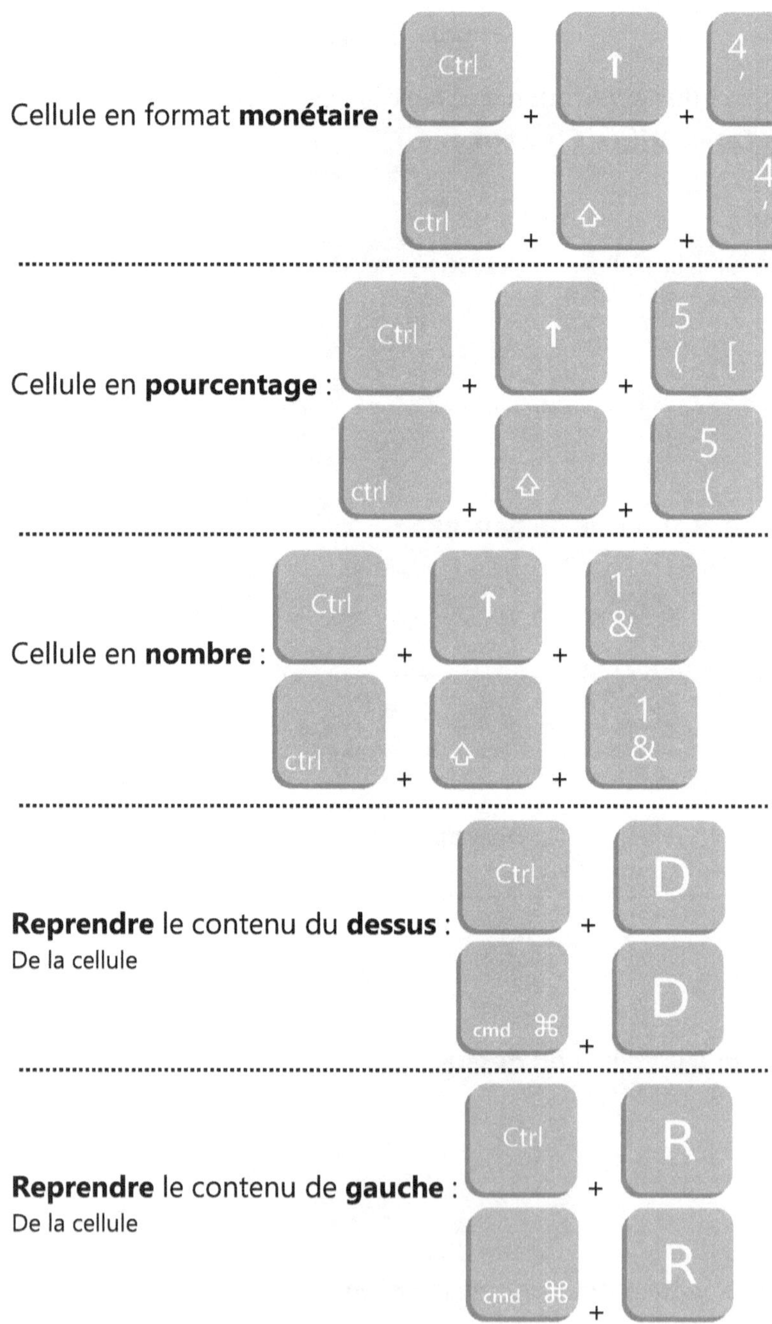

Cellule en **pourcentage** :

Cellule en **nombre** :

Reprendre le contenu du **dessus** :
De la cellule

Reprendre le contenu de **gauche** :
De la cellule

Insérer une ligne | colonne :
+ Maj (si bug)
(B : pour la ligne)
(O : pour la colonne)
Alt
I
B
Ctrl
alt
I
B

Supprimer une ligne | colonne :
+ Maj (si bug)
(D : pour la ligne)
(E : pour la colonne)
Alt
E
D
Ctrl
alt
E
D

Ajouter une feuille :
F11
F11

Feuille précédente | suivante :
Alt
ou
alt
ou

Google Slide

De même que **Power Point** ou **Open Office Présentation**, Google met à disposition un logiciel de présentation.

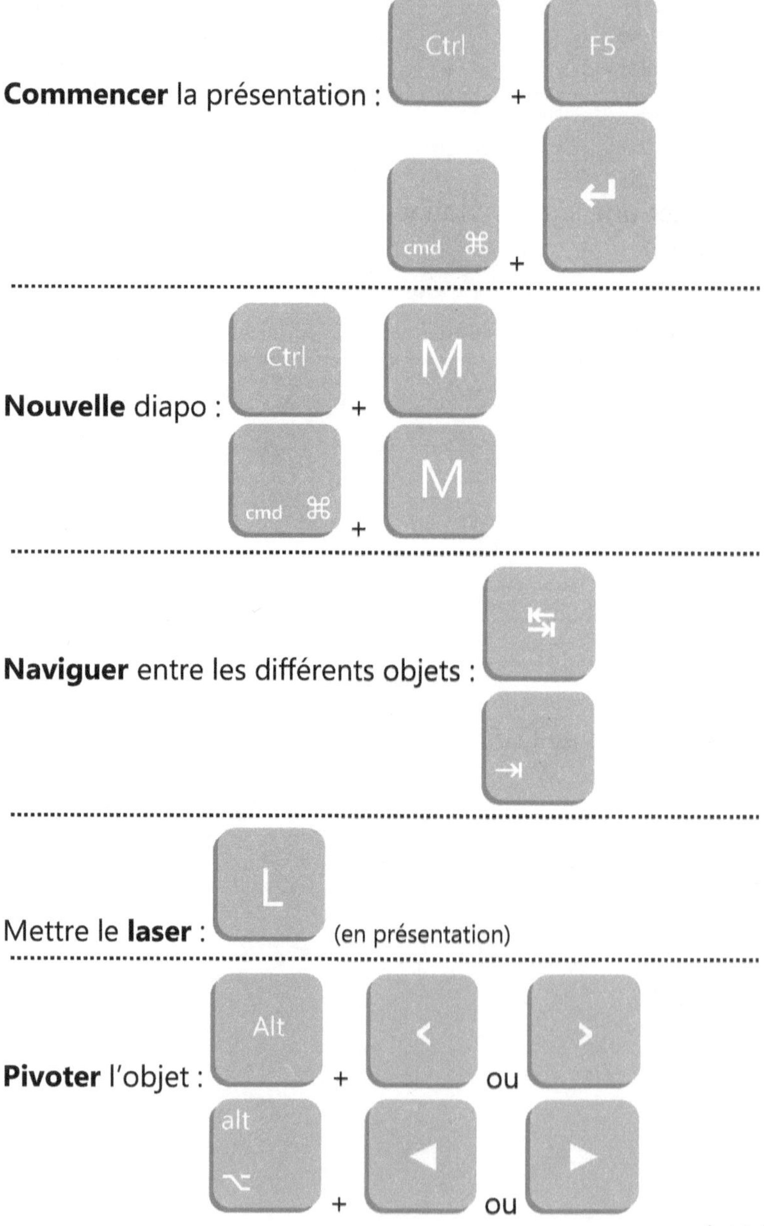

Commencer la présentation : Ctrl + F5

cmd ⌘ + ⏎

Nouvelle diapo : Ctrl + M

cmd ⌘ + M

Naviguer entre les différents objets :

Mettre le laser : L (en présentation)

Pivoter l'objet : Alt + < ou >

alt + ◄ ou ►

Réduire la taille de la **police** :

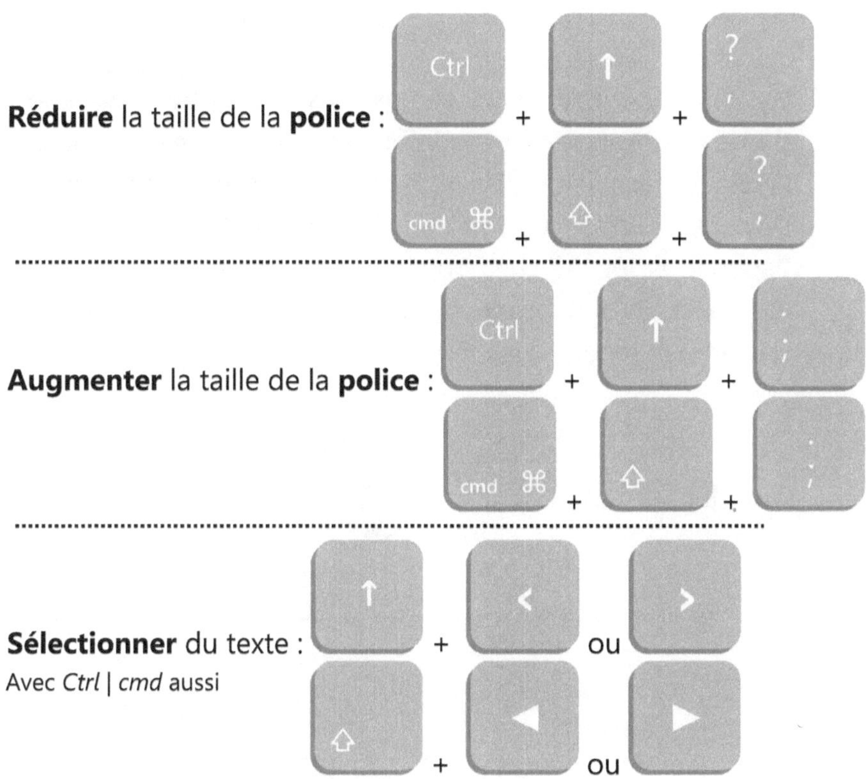

Augmenter la taille de la **police** :

Sélectionner du texte :
Avec *Ctrl | cmd* aussi

Gmail

Pour la boite mail Gmail qui est **très répandue et simple d'utilisation**, créer une adresse est extrêmement simple. Quelques raccourcis clavier peuvent vous servir sur cet outil. De base, ils ne fonctionnent pas forcément. Pour les **activer** : Paramètres → Afficher tous les paramètres → Général (Descendez) → Raccourcis clavier → Activer les raccourcis clavier → Enregistrez les modifications

Annuler l'action : Z ou Échap / esc

Nouveau message : C

Nouveau message dans un **autre onglet** : D

Rechercher dans les nouveaux messages : ↑ + / . et ⇧ + / .

Menu « **déplacer vers** » : V (Sur le mail)

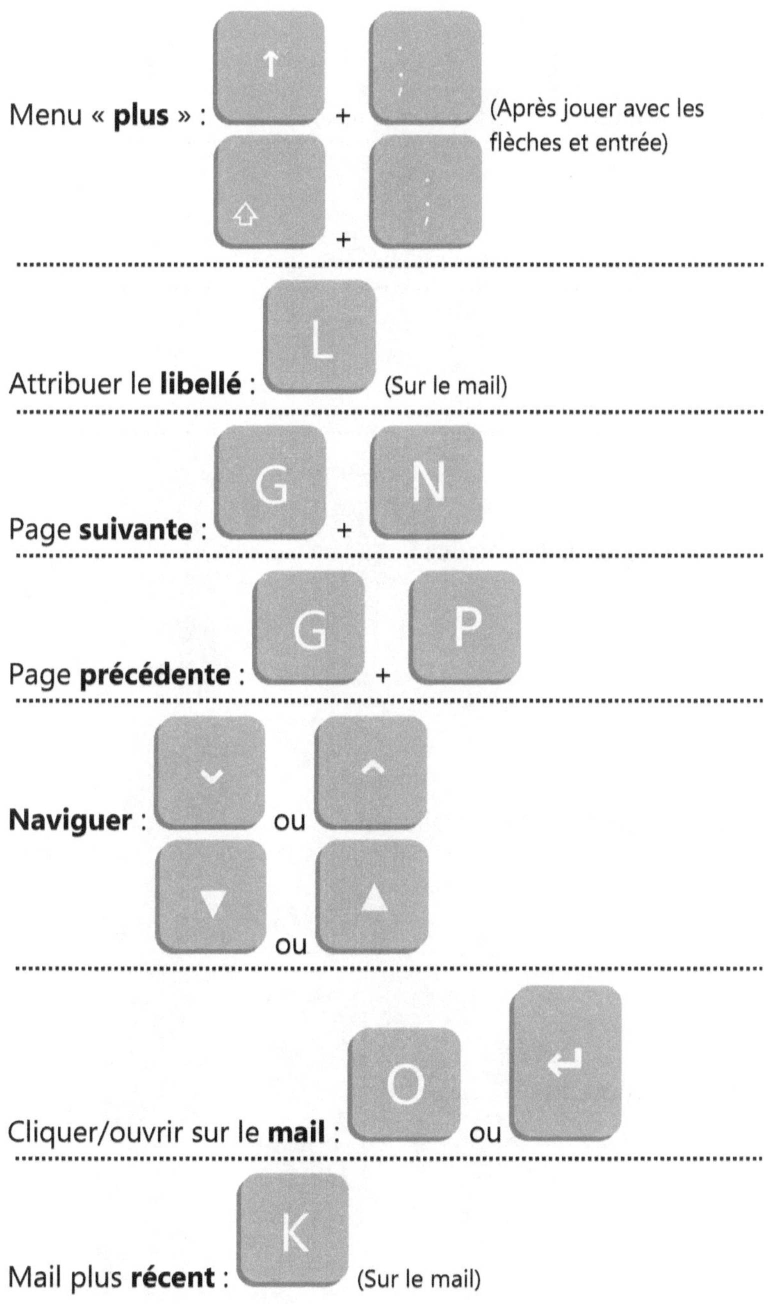

Menu « **plus** » :   +   +   (Après jouer avec les flèches et entrée)

Attribuer le **libellé** :   (Sur le mail)

Page **suivante** :   +

Page **précédente** :   +

Naviguer :   ou   ou

Cliquer/ouvrir sur le **mail** :   ou

Mail plus **récent** :   (Sur le mail)

Mail plus **ancien** : (Sur le mail)

Revenir à la **liste** des mails :

Sélectionner un mail :

Sélectionner tous les mails : +

+ +

Désélectionner tous les mails : +

+ +

Marquer comme **lu** : +

+

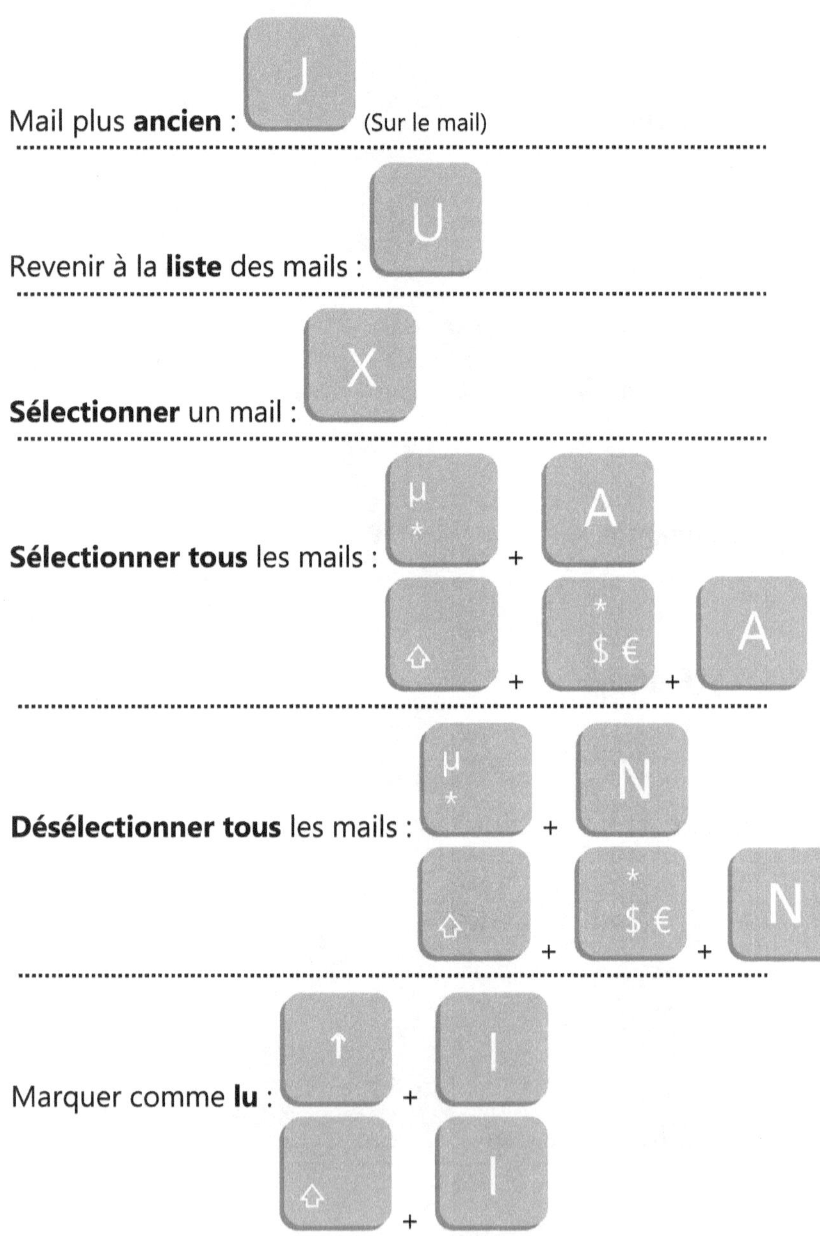

Marquer comme **non lu** : 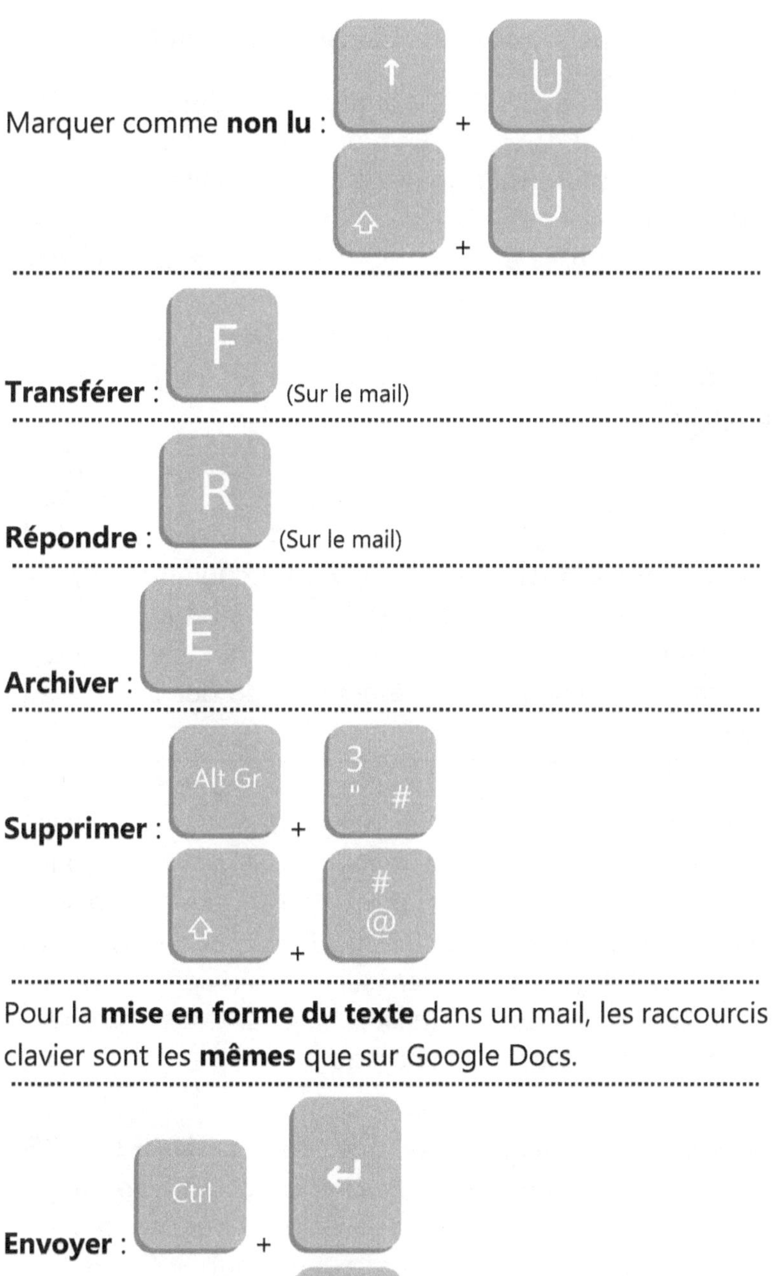

Transférer : (Sur le mail)

Répondre : (Sur le mail)

Archiver :

Supprimer :

Pour la **mise en forme du texte** dans un mail, les raccourcis clavier sont les **mêmes** que sur Google Docs.

Envoyer :

Adobe Acrobat Reader DC | PDF | .pdf

Adobe Acrobat Reader DC est le **plus gros logiciel** pour les PDF, il est gratuit dans le cadre d'une utilisation limitée.
Un **Portal Document Format** est type de fichier et non un logiciel, pour autant, je l'ai incrusté ici puisqu'il est fréquemment utilisé avec les logiciels précédents (exporter un document, les navigateurs web pour visualiser...). Un PDF est format de **fichier universel et standard**, il **conserve la présentation du document** (police, images, mise en page, design...)

✓ *Avantages* : Il se **partage** très facilement | La taille du fichier est plus **légère** que l'original | Il permet **d'être lu sur n'importe quel logiciel/appareil** (gratuit ou non) et donc sur toutes les plateformes | Il facilite les conditions d'**impression** (appareil, qualité...) | Le fichier est exporté comme une « image » (la présentation du document est figée)

✗ *Inconvénients* : Une fois qu'on a exporté le fichier en PDF, il reste normalement **inchangeable** (certains outils sur le web permettent de faire marche arrière) | Pour modifier un PDF (mettre du texte, signer, ressembler/séparer un ou plusieurs PDF, il faut **utiliser un outil** : disponible gratuitement sur le web ou payant, pour avoir toutes les fonctionnalités, avec Adobe Acrobat Reader DC (avec la version payante)).

Les raccourcis clavier sont pratiques pour **analyser** un PDF, il faut cependant **les activer** (si ce n'est pas fait de base) : Éditions → Préférences → Générales → Utiliser des touches uniques pour accéder aux outils (tout en haut) → Cliquer sur OK

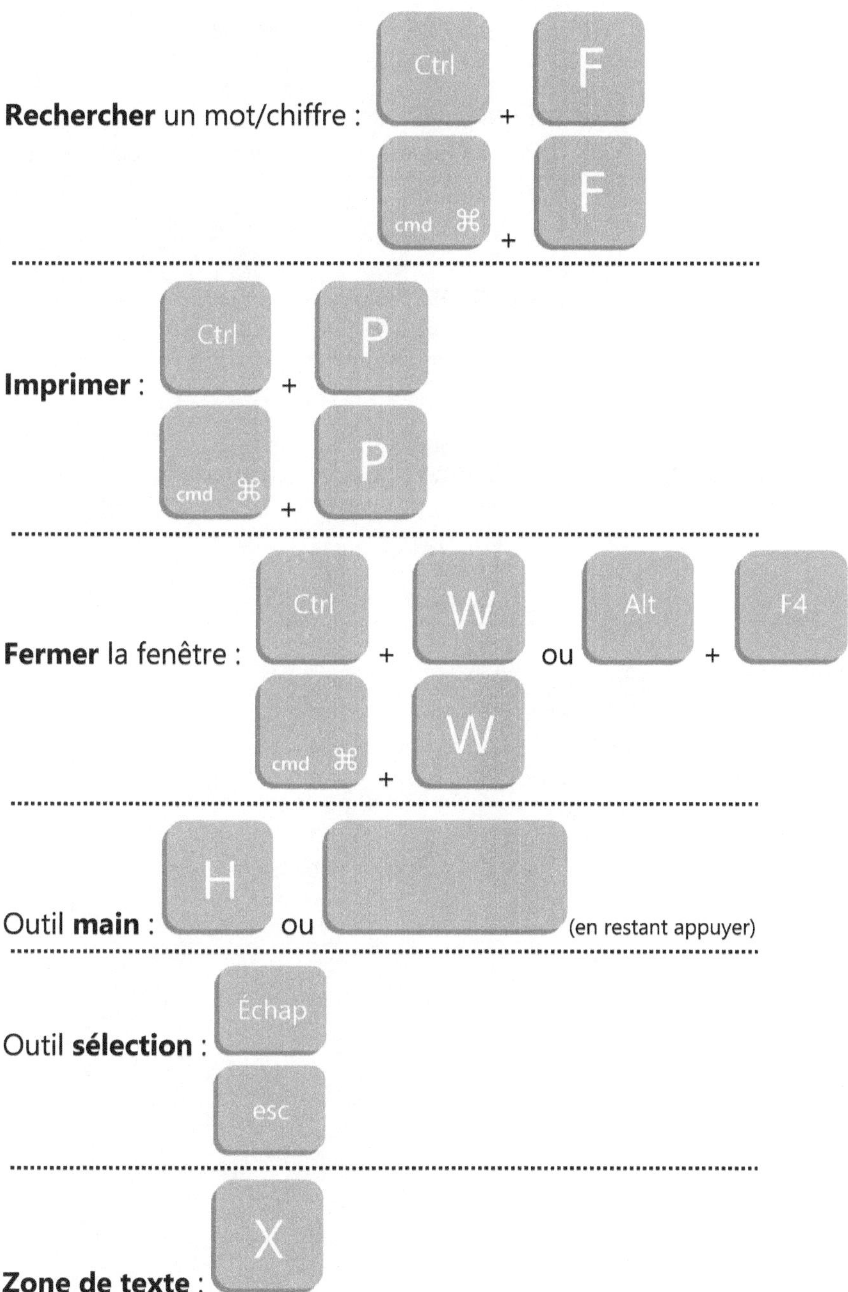

Rechercher un mot/chiffre : +

Imprimer : +

Fermer la fenêtre : + ou +

Outil **main** : ou (en restant appuyer)

Outil **sélection** :

Zone de texte :

Passer à l'**onglet suivant** :

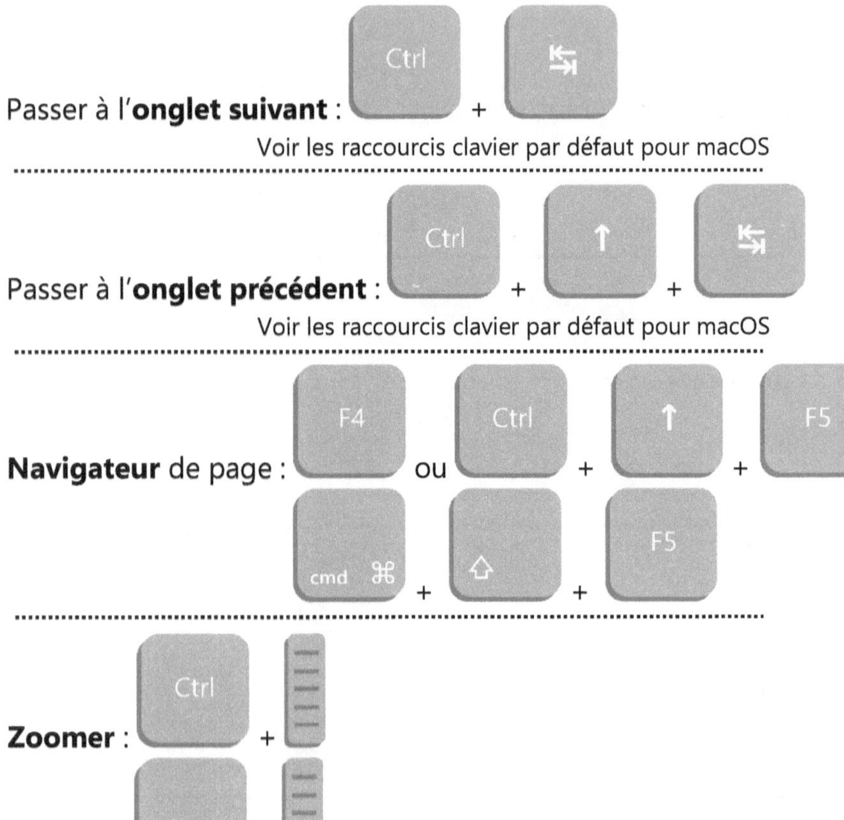

Voir les raccourcis clavier par défaut pour macOS

Passer à l'**onglet précédent** : + +

Voir les raccourcis clavier par défaut pour macOS

Navigateur de page : ou + +

+ +

Zoomer : +

+ (Si vous possédez une souris à molette)

Pour vos recherches de **vidéos** sur YouTube, les raccourcis clavier sont aussi utiles pour avoir accès plus facilement à certaines **fonctionnalités**.

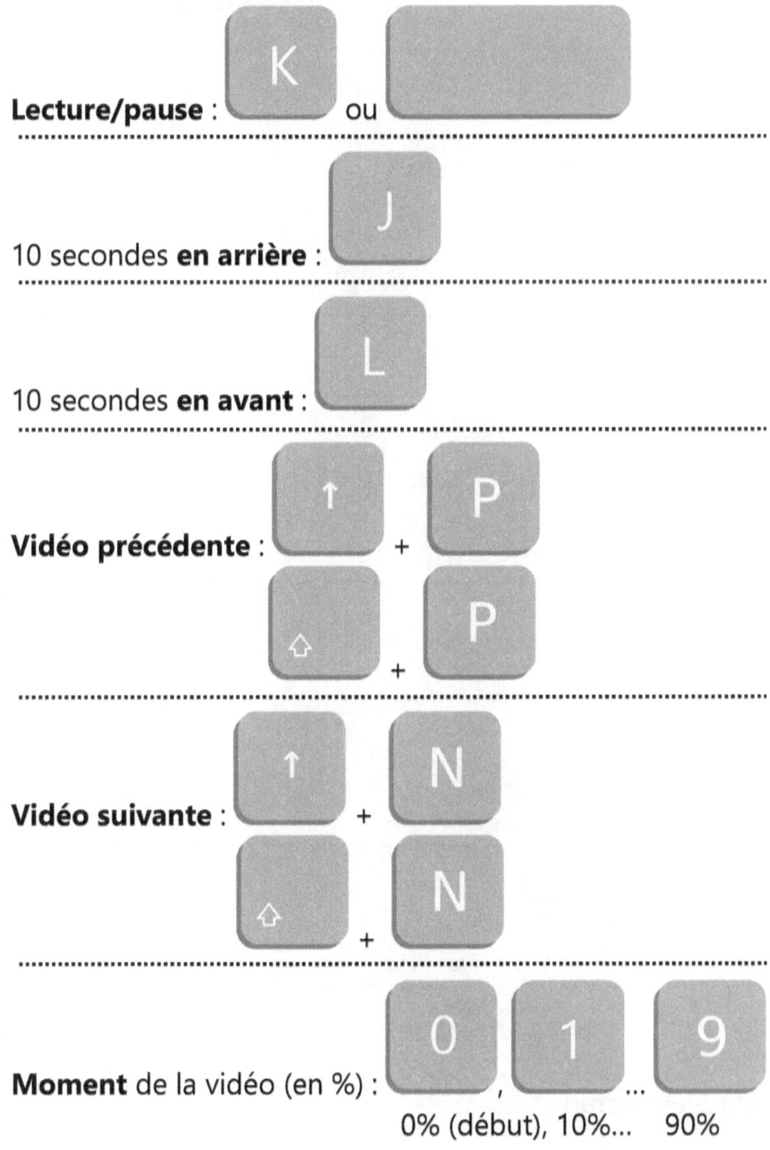

Lecture/pause : K ou

10 secondes **en arrière** : J

10 secondes **en avant** : L

Vidéo précédente : ↑ + P ⇧ + P

Vidéo suivante : ↑ + N ⇧ + N

Moment de la vidéo (en %) : 0 , 1 ... 9

0% (début), 10%... 90%

Diminuer la vitesse de lecture : 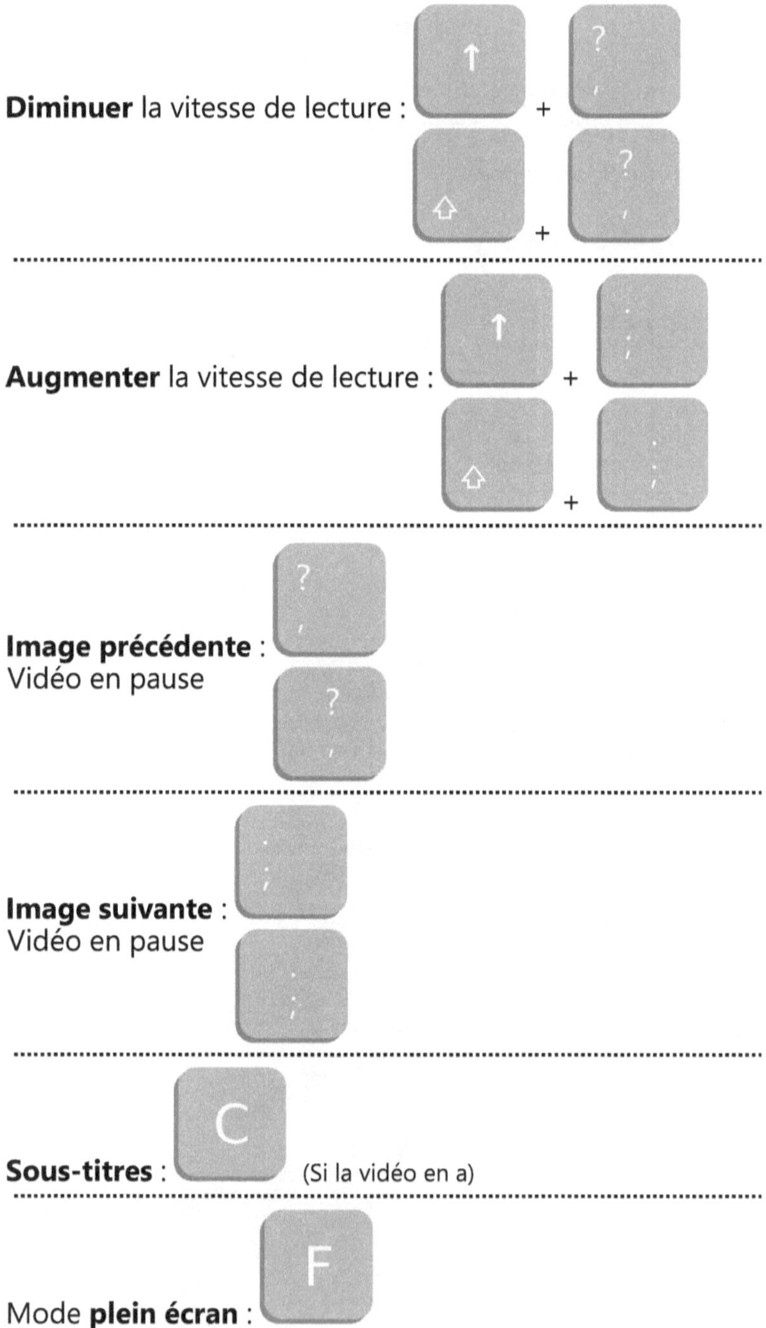

Augmenter la vitesse de lecture :

Image précédente :
Vidéo en pause

Image suivante :
Vidéo en pause

Sous-titres : (Si la vidéo en a)

Mode **plein écran** :

Mode **cinéma** :

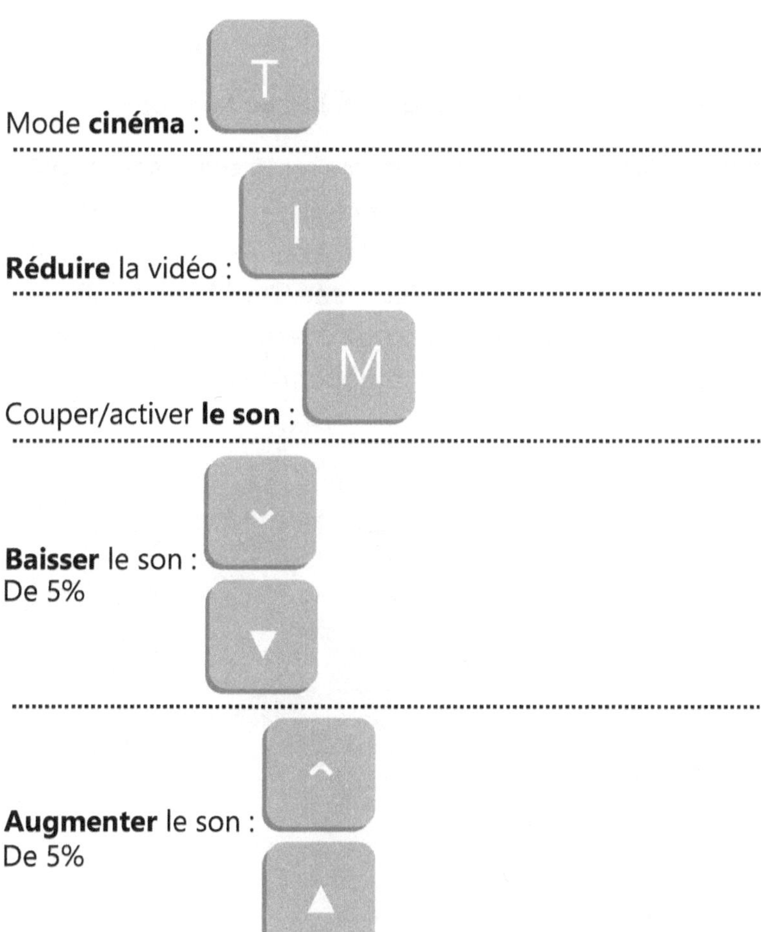

Réduire la vidéo :

Couper/activer **le son** :

Baisser le son :
De 5%

Augmenter le son :
De 5%

Le Touchpad | Trackpad | Pavé tactile

À défaut d'une souris, le pavé tactile remplace la souris tout en bénéficiant de certains **avantages** sur les ordinateurs portables. Il est intéressant de connaître les différentes possibilités que peut offrir le Touchpad/Trackpad en utilisant des gestes avec **plusieurs doigts**, même si la souris reste favorite avec sa précision, son ergonomie et sa simplicité.

Windows 10 :

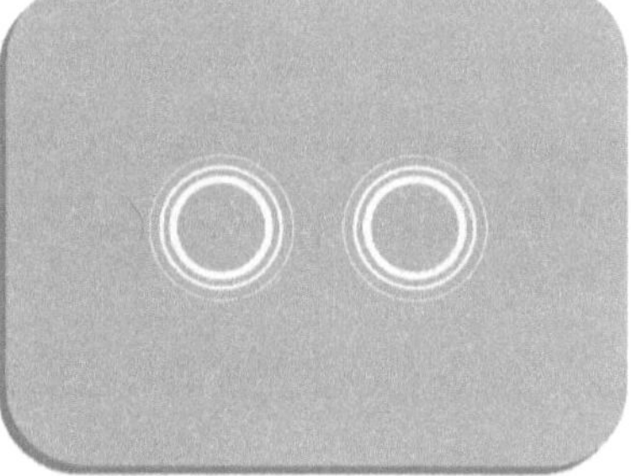

Clic droit (comme sur la souris) :

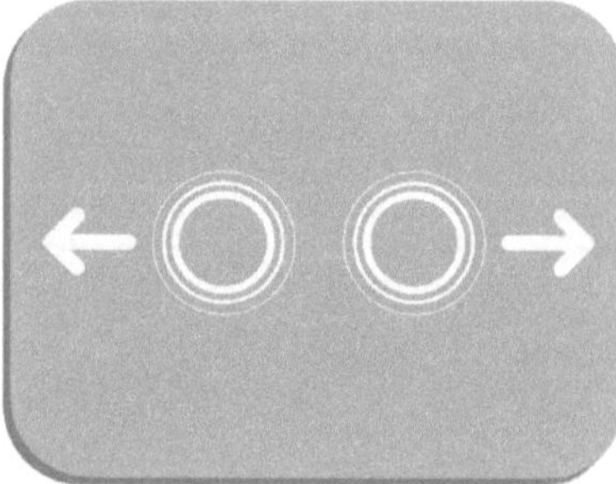

: **Zoomer**

Dézoomer :

Défiler **à l'horizontale**, à gauche ou droite (sur les PDF, les pages...) :

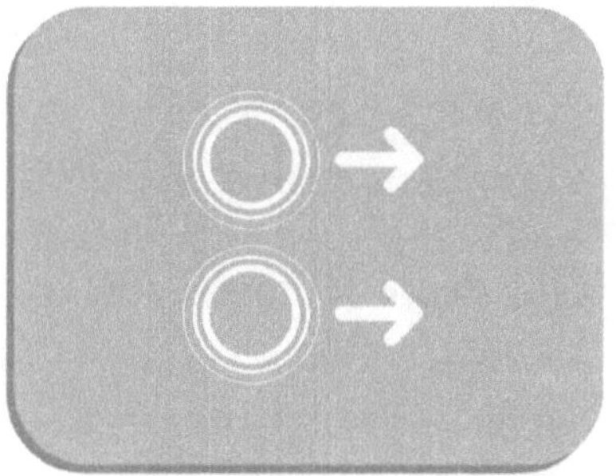

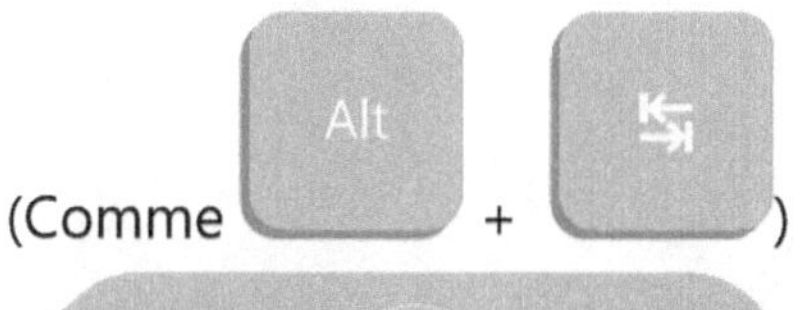

: Défiler **à la verticale**, vers le haut ou vers le bas (sur les PDF, les navigateurs web...)

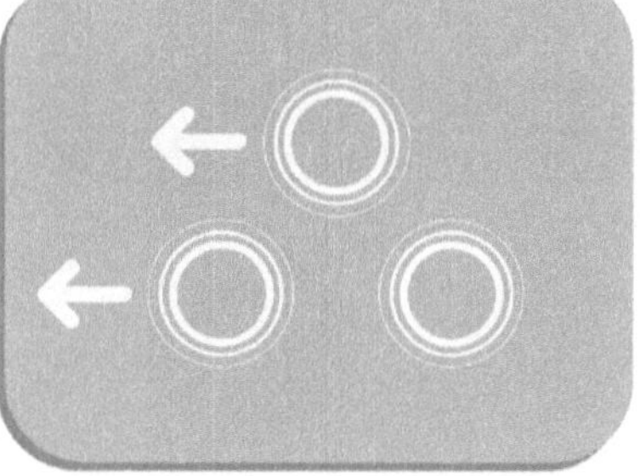

Naviguer entre plusieurs **fenêtres**, vers la gauche ou vers la droite :

(Comme

+

)

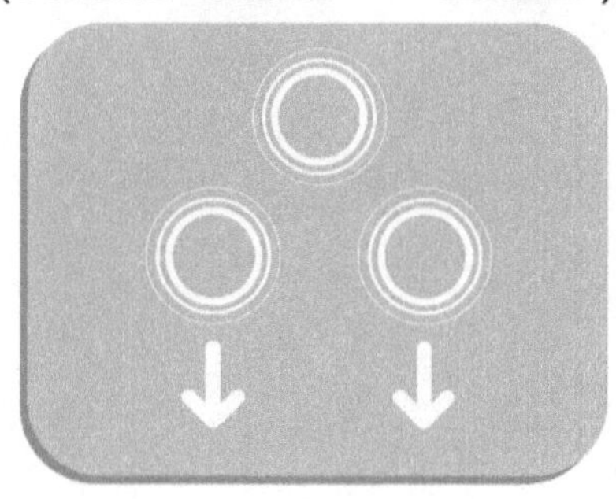

: Afficher le **bureau**, ou remonter les 3 doigts pour agrandir la fenêtre

(Comme

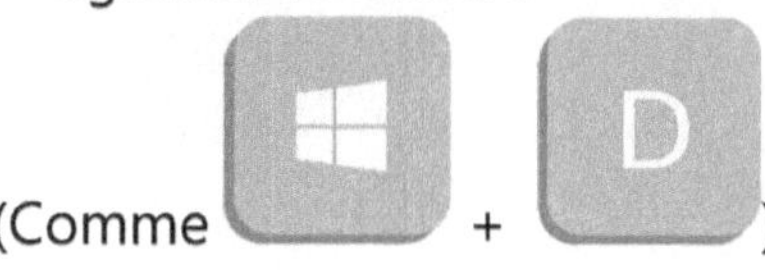

+

)

Ces gestes peuvent être **modifiés** dans le Menu → Préférences système → Trackpad

Clic droit (comme sur la souris)

Taper 2 fois de fois pour effectuer un **zoom intelligent**, en avant ou en arrière :

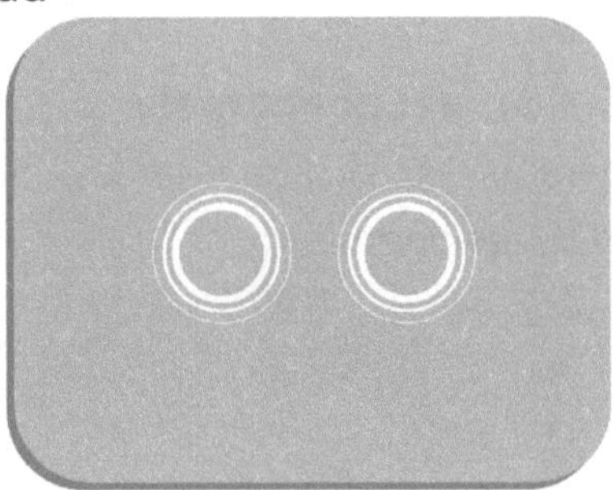

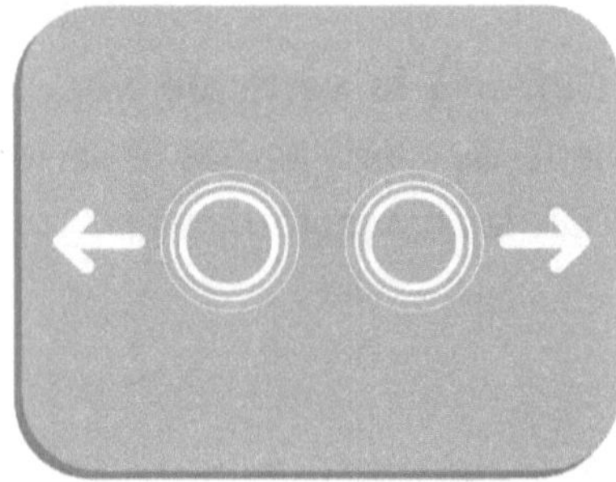

: **Zoomer**

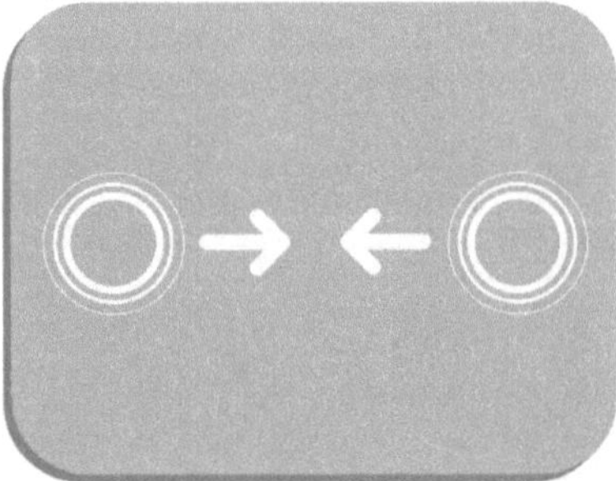

Dézoomer :

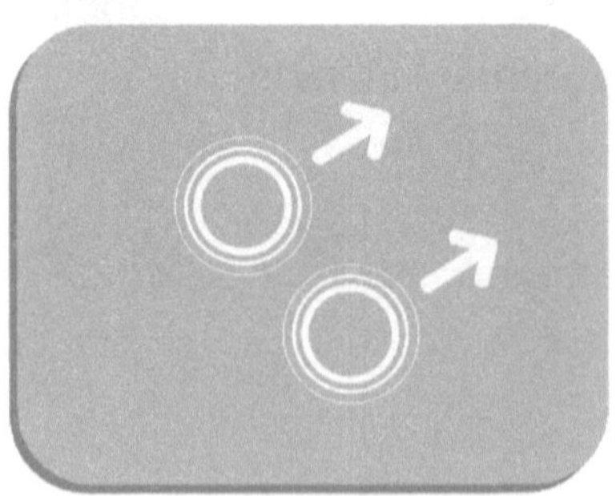

: **Rotation** de l'élément vers la droite ou la gauche

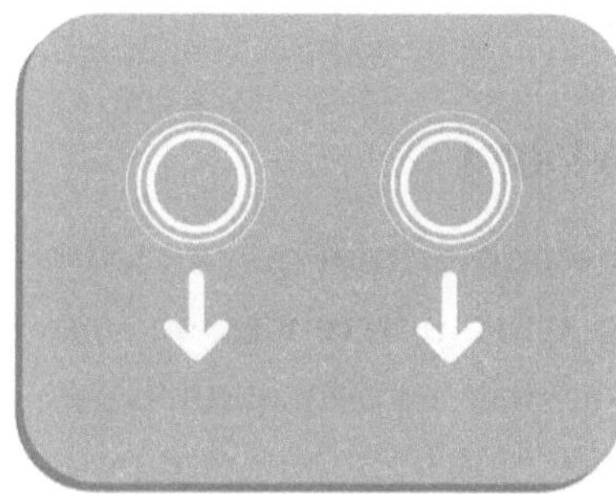

Comme la molette de la souris

: Défiler **à la verticale**, vers le haut ou vers le bas (sur les PDF, les navigateurs web...)

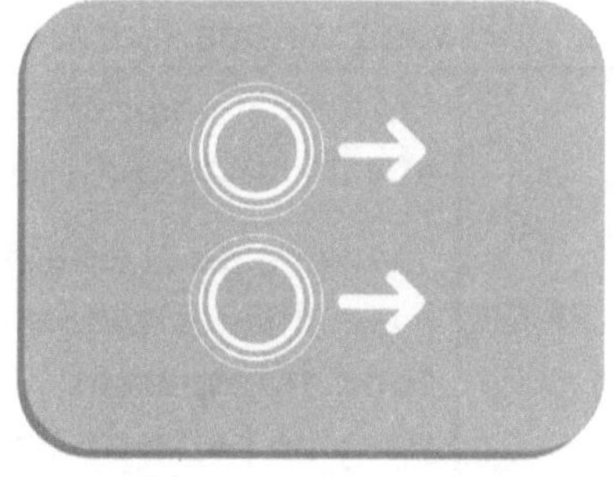

Défiler **à l'horizontale**, à gauche ou droite (sur les PDF, les pages...) :

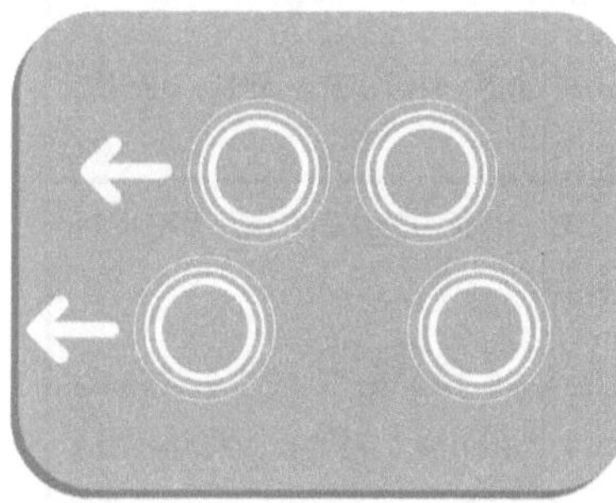

: Naviguer entre plusieurs **fenêtres**, vers la gauche ou vers la droite

(Comme 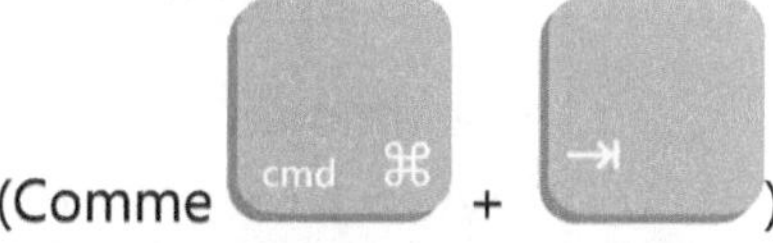)

Afficher le **bureau**, 3 doigts vers le haut et le pouce vers le bas :

(Comme )

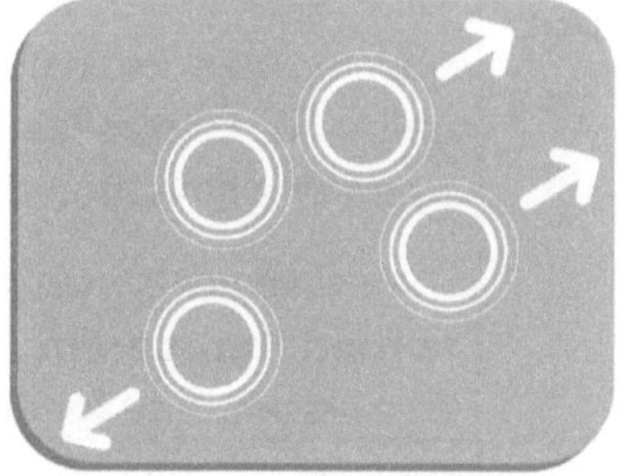

Il faut une certaine **agilité**, bon **entraînement** !

Images | .png | .jpeg

Il existe plusieurs **formats d'image numérique** qui ont leurs spécificités. Afin de comprendre leurs différences, je vais rester dans la généralité et vous montrer les principaux types de formats que vous rencontrerez le plus fréquemment pour une utilisation lambda. (Sur le web et le traitement d'images)

PNG | .png	Ce format s'appelle le Portal Network Graphics, et est l'un des plus répandus. ✔ *Avantages* : Le **haut rendu** des fichiers en PNG | Les images peuvent supporter une partie en **fond transparent** | La compression n'engendre **pas une perte de données** ✗ *Inconvénient* : La taille des fichiers est assez **lourde**
JPEG | .jpeg	Ce fichier s'appelle Joint Photographic Expert Group, et est le plus utilisé. ✔ *Avantages* : La taille de ces fichiers reste assez **légère** | La compression permet d'optimiser la taille du fichier en réduisant légèrement la qualité, mais ce type de format permet d'être utilisé sur **toutes les plateformes** (même celles ayant une limitation de taille) ✗ *Inconvénients* : Les images ne supportent **pas le fond transparent** | Une **perte de qualité** peut être ressentie au fur et à mesure des sauvegardes
PDF | .pdf	Ce n'est pas une image mais reste type de fichier courant | Voir la partie précédente

D'autres formats comme .gif .tiff ou encore .svg reste des formats plus ou **moins fréquents** selon votre utilisation.